現地駐在記者が教える
超実践的
ベトナム語
入門

富山篤

はじめに

　ベトナムと聞いて、みなさんは何を思い浮かべるでしょうか？日本で最も有名なベトナム料理は「フォー」だと思います。ベトナムのレストランで「フォー」と言ってみてください。まず通じません。「Phở」の発音はカタカナで書くフォーとは全く違い、強いてカタカナで表現するならば「ファオウォ」だからです。

　ベトナム語には11種類の母音と6種類の声調があり、それが複雑に掛け合わされています。外国人にはほぼ同音に聞こえて、意味が異なる言葉だらけです。加えて、ベトナム人の国民性で文脈を読んでくれませんから、余計に通じません。2017年時点で1万6000人*の日本人がベトナムに住んでいますが、満足に話せる人はほんの一握りだけでしょう。

　私は日本経済新聞の特派員として2014年9月にハノイに赴任しました。赴任前から10年近くベトナム語を勉強し、赴任するときにはかなりの自信を持っていました。でも赴任当日にその自信は打ち砕かれました。全く通じず、タクシーの運転手に行き先すら伝えられませんでした。

　それから私は猛勉強しました。ベトナム人に一つ一つ発音、文法、よく使う表現などを聞き取りながら、自分なりの方法論を発見していきました。そうしているうち、赴任から半年ほどしたころには普通に会話できるようになり、インタビューもベトナム語でできるようになりました。ある記者会見でベトナム語で質問し、国営放送VTVに中継されたこともあります。

　ベトナム語はスポーツで言えば「セパタクロー」のようなものだと思います。ボールを足で蹴るバレーボールです。日本の競技人口はたった数千人。野球の810万人、サッカーの640万人と比べるべくもありません。ベトナム語は〝競技人口〟が少ないがゆえに、英語、韓国語など人気の言語に比べて、指導のノウハウが確立されていません。セパタクローの達人も中にはいるのでしょうが、それを分かりやすく素人に教えることはできません。

*2019年10月時点で約23,000人。

そこで私は「どうすれば日本人がベトナム語を会話できるようになるのか」と必死に考えました。そして多くのベトナム語学習者の学習法に問題があると気づいたのです。英語と同じように記述したり、カタカナで発音を表記したり、準備もしないでベトナム人の家庭教師を雇ったり・・・。

　ベトナム語の本の多くは語学のプロの先生方が書いています。私はジャーナリストであり、語学のプロではありません。しかし、だからこそ冷静な目線で問題点を見抜き、有効な解決策を提示できたと思っています。

　現地の言葉でコミュニケーションできるメリットはとてつもなく大きいです。相手の反応が変わってきます。本書の目的は言語学者や通訳を養成するものではありません。流ちょうでなくてもいいので、ベトナム人と普通に会話ができるようになることが最大の目的です。

　ベトナムは世界でも有数の親日国であり、日本に滞在するベトナム人は2017年末時点で約26万人と中国、韓国に次いで3番目に多いです**。伸び率は31％と上位で最も高いです。一方で、日本における外国人犯罪では2016年にベトナム人が中国人を抜いて最多となり、2017年4月には千葉県松戸市でベトナム人女児が殺される痛ましい事件も起きました。

　言葉を理解することは文化を理解する第一歩です。1人でも多くの日本人がベトナム語をマスターし、日越両国の交流が活発化することを心から願っています。

　なお、筆者のベトナム語研究に多大なるアドバイスを頂いたヌイチュック杉良太郎日本語センターのグエン・トゥイ・リン（Nguyễn Thùy Linh）先生、録音、写真撮影、添削等精力的に手伝ってくれた日経新聞ハノイ支局のグエン・ヴァン・アイン（Nguyễn Van Anh）助手には衷心から御礼を申し上げます。

2018年8月
日本経済新聞社ハノイ支局長 富山篤

**2021年6月時点で約45万人。中国に次いで2番目に多いです。

目次

はじめに　2

本書の使い方　7

序章　ベトナム語は意外と簡単です　10

第1章　文字と発音を学ぼう

Unit 1　ベトナム語のアルファベットと発音　16

Unit 2　つづりと発音　18

Unit 3　絶対通じる発音のコツ　20

　　　　　声調　20　　母音　24　　子音　30　　実践練習　36

Unit 4　効果絶大！「空耳学習法」　38

コラム：今すぐできるベトナム語入力　40

Unit 5　発音はグーグル翻訳から学べる　44

第2章　基本単語を覚えよう

Unit 6　数字　48

Unit 7　時刻・時間の表現　52

Unit 8　月、季節、曜日　56

Unit 9　家族　62

Unit 10　職業、身分　65

Unit 11　身の回りの物、コト　70

Unit 12　食べ物、料理　74

Unit 13　スマホ、コンピュータ、電話　80

Unit 14 街の中 84

Unit 15 オフィス 88

Unit 16 国、都市、観光名所 91

Unit 17 動詞 96

Unit 18 形容詞 102

Unit 19 単語おもしろ記憶術 106

第 3 章 文法と会話

Unit 20 あいさつ 112

Unit 21 文法の基礎の基礎 116

Unit 22 指示代名詞、類別詞 121

Unit 23 人称代名詞 126

Unit 24 助動詞 134

Unit 25 疑問詞（5W1H） 141

Unit 26 場所の言い方 146

Unit 27 時制① 現在・過去・未来 152

Unit 28 時制② 完了・経験 156

Unit 29 受け身 160

Unit 30 命令・禁止 164

Unit 31 比較級・最上級 169

Unit 32 使役 174

Unit 33 仮定法 176

Unit 34 文末詞 178

Unit 35 ベトナム語会話のクセ 180

Unit 36　実践会話集①　タクシーにて　182

Unit 37　実践会話集②　レストランにて　184

Unit 38　実践会話集③　病院にて　186

Unit 39　実践会話集④　ショッピング　188

Unit 40　実践会話集⑤　道を尋ねる　190

Unit 41　実践会話集⑥　物をなくす　192

Unit 42　実践会話集⑦　電話をする　194

Unit 43　実践会話集⑧　商談にて　196

Unit 44　実践会話集⑨　言葉が通じにくいとき　198

Unit 45　実践会話集⑩　日本語学校にて　200

第 4 章　ビジネス

Unit 46　ベトナム語をビジネスに役立てる　204

Unit 47　ベトナム語でメールを書いてみよう　208

Unit 48　ビジネスでよく使う会話表現　212

コラム：政治経済で頻出！ 難解な略語　216

Unit 49　ビジネスに役立つ情報を集めよう　218

Unit 50　難解！ ベトナム英語　220

巻末：SOS フレーズ集　222

索引　224

おわりに　236

本書の使い方

　本書は、はじめてベトナム語を学ぶ人から、現地で仕事や生活をしている人まで、学んだベトナム語が実際に使えるように、実践的な内容と学習方法を提示しています。新聞社のハノイ支局で働く著者ならではの現地情報やアドバイスも随所にありますので、ぜひ参考になさってください。

　本書のベトナム語はハノイの北部ベトナム語を使用していますが、一部、南部の発音や表現にも触れています。最初は「カタカナ表記」も参考にしながら口や耳をならしてください。ベトナム語の下に付属の赤シートを当て、ずらして使用していただくと「カタカナ表記」を消すことができます。

第1章　文字と発音を学ぼう

ベトナム語の文字にはいろいろな記号がついています。6つの声調はイラストで、母音や子音も発音のコツを詳しく解説しています。著者の考案した文による「空耳学習法」や「ベトナム語の入力のしかた」など気楽に学べて役に立つユニットもあります。

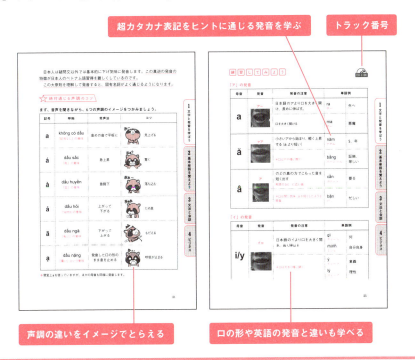

第2章　基本単語を覚えよう

数字や曜日の言い方などの基本単語のほか、身近な、よく使う単語を学びます。音声を聞いて口慣らしをしておくといざという時に使えます。覚えたい単語を重点的に練習してください。

場面、小テーマ別に単語を学ぶ。超カタカナ表記を参考に、音声を聞いて発音しよう。

その場面でよく使われる「鉄板フレーズ」も同時に学ぶ

第3章　文法と会話

表や図解を助けに、基本文法を整理して覚えましょう。3章後半の実践会話からはカタカナ表記がなくなります。

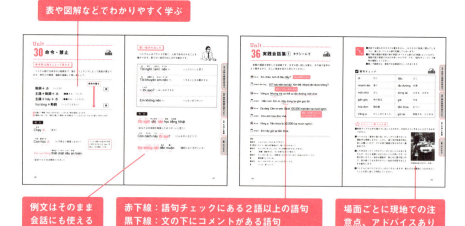

表や図解などでわかりやすく学ぶ

例文はそのまま会話にも使える

赤下線：語句チェックにある2語以上の語句
黒下線：文の下にコメントがある語句

場面ごとに現地での注意点、アドバイスあり

第4章　ビジネス

ビジネスベトナム語なんてまだまだ、と思っている人も、やれることがあります。アプリやウェブサイトを使った方法を紹介、すぐに使える基本的なビジネス会話も学んでおきましょう。

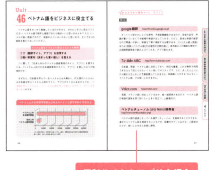

便利サイトやアプリを紹介

あいさつ、商談、飲み会で使える表現を紹介

CDの収録内容

付属の音声CD2枚には、各Unitに収録されているベトナム語の単語や例文、聞き取り練習がすべて収録されています。音声はゆっくりめのスピードで読まれていますが、3章の実践会話はライブ感を出すため、ゆっくりめのナチュラルスピードで読まれています。収録言語はベトナム語のみで、北部発音を採用していますが、一部南部発音も収録しました（→p. 35「地域による発音のルール　まとめ」参照）。ベトナム語音声はライブ感を出すため、すべて現地で収録しました。その関係で少々雑音が混ざっている部分もありますがご容赦ください。

音声ダウンロードの方法

本書の音声は、CDプレイヤーのほか、パソコン、スマートフォンのどちらでもご利用いただけます。ダウンロードは、アスク出版のサポートサイトと、オーディオ配信サービスaudiobook.jp（旧FeBe）の両方より行えます。スマートフォン（iPhone, Androidなど）をご利用の方は、audiobook.jpのアプリを事前にダウンロードする必要があります。ダウンロードサービスの詳細は、下記をご参照ください。

https://audiobook.jp/exchange/ask-books　右のQRコードからもアクセスできます。

audiobook.jpアプリには、低速（50％）から高速（4倍）まで、音声の速度を変える機能もありますので、ぜひご活用ください。
なお、audiobook.jpで音声をダウンロードされる場合は、シリアルコード「921722」を入力してください。

序章 ベトナム語は意外と簡単です

ベトナムってどんな国？

ベトナムは古くは中国、19世紀後半からはフランスに統治され、1960年、70年代には泥沼のベトナム戦争に見舞われた独立運動と戦いが絶えなかった国です。インドシナ半島の東端一帯に位置しているために船で外敵が侵入しやすいうえ、北部は中国と国境を接していることなどから地政学的に紛争が起きやすい地域だったことが考えられます。

民族的には90％以上がキン族と言われる中国南部の少数民族を起源とします。北部では日本人に似た顔の人も多いです。

ベトナム人は争いを好むとのイメージを持っている人もいるかもしれませんが、そんなことはありません。家族、友達を大切にし、外国人にも友好的な人たちです。いまでは東南アジアで最も高い経済成長を遂げており、日本の企業からの投資も増えています。

ベトナム語って？

タイ、ラオス、カンボジアなどインドシナ半島ではインドの言葉の影響を受けた国が多いなか、**ベトナム語は中国語の影響を強く受けています**。タイ語とラオス語、マレー語とインドネシア語のように類似した言語はなく、ベトナム以外ではカンボジアの国境付近を除いてベトナム語はほぼ通じません。

北部、中部、南部でそれぞ

アジア各国の言語の比較		
	文字	声調
ベトナム語	アルファベット	6種類
中国語	漢字	4種類
タイ語	タイ文字	5種類
カンボジア語（クメール語）	クメール文字	なし
インドネシア語	アルファベット	なし
マレーシア語（マレー語）	アルファベット	なし

れなまりがあり、ベトナム人でさえも通じないことが多いです。故郷の言葉に誇りを持っており、どこに住んでも故郷のなまりを変えない人が多いことが特徴です。国営放送VTVでも、北部ハノイ出身のアナウンサーばかりでしたが、2014年ごろから中部、南部出身者を起用し始めました。

　国民が飛行機で移動し始めたのも、2011年にLCCが営業を始めてからですから、異なる方言に接する機会が少なかったのです。

　いちおう「ハノイ弁」が標準語とされていますが、**ベトナム語は「方言の集合体」**なのです。本書ではハノイ語を基本に解説いたします。南部なまりを解説する章もありますので、ホーチミンにいる方も安心してください。ただ、きちんとしたベトナム語を話せば、北部弁でも南部の人は理解してくれます。

ベトナム語はアルファベットを使う

　ベトナム語の最大の特徴は**インドシナ半島の言語で唯一、アルファベットを使う**ということでしょう。フランスが統治を始めた19世紀後半から導入されたと言われており、それ以前は中国の漢字を元にした漢越語「チューノム（chữ Nôm）」が使われて

ベトナム語が日本人に普及しない理由		
	内容	克服できる可能性
①	ベトナム人が文脈を読んでくれない	×
②	記号を省いて書いている	◯
③	カタカナ発音している	◎

いました。日本語のひらがなは漢字を簡単にしたものですが、チューノムは大変複雑なもので、当時の識字率はとても低かったと言われています。そこでフランス政府は識字率向上を狙い、ポルトガルの宣教師らがキリスト教布教のために使っていたアルファベットを使ってベトナム語を表記する方法「クイック・グー（Quốc ngữ）＝「国語」の意味」を導入したとされています。カンボジアの複雑なクメール文字などに比べればずっと敷居は低いですよね。

　ただし、アルファベットを使いはしても、アルファベットとは全く違います。母音、声調を表す複雑な記号があるので、注意が必要です。

なぜベトナム語が普及していないのか？

　最大の理由は発音の難しさです。母音が11種類、声調が6種類あり、発音が難しいと言われる中国語よりもずっと複雑です。加えて、ベトナムの人たち

11

は文脈を読むことがとても苦手です。発音で物事を理解しようとするので、日本人のように忖度してくれません。例えば、成田空港で外国人に「トキオはどうやって行くんですか？」と聞かれたとしましょう。当然「東京」だって思いますよね。しかし、ベトナム人はこれができません。完璧な発音をしないと通じないのです。

さらにベトナム人は語学が得意です。発音に難はありますが、英語、韓国語、日本語を苦もなく話し、外国人がベトナム語を話さなくてもコミュニケーションに困りません。

もう一つ言えば、間違った理解をしている日本人が多いのです。第1は**記号を省いてアルファベットだけでベトナム語を記述するやり方**です。ベトナム語はほぼ同音異義語がとても多く、ちょっと声調が変わるだけで、意味が全く変わります。例えば日本語で「ムア」と書くしかない言葉に「買う」「雨」「季節」「踊り」と4つの意味があります。記号を省くということは、この発音の違いを無視することになります。記号を無視するとネットにあるベトナム語の情報も検索できません。第2は**ローマ字読みのカタカナ表記**です。本来の発音を無視して、ローマ字通りにカタカナで書いた瞬間にベトナム語発音はできなくなり、通じないベトナム語を身につけることになります。ですから、本書では通じやすいように筆者が独自に編み出した「超カタカナ表記」で表記してあり、単純なローマ字のカタカナ表記はしていません。

ベトナム語は発音こそ最初は難しいですが、文字も文法もシンプルですし、日本語よりよっぽど簡単です。**正しい理解と勉強法こそがベトナム語をマスターする早道**です。

さあ、〝ベトナム語使い〟になりましょう

世界人口70億人のうち、25％が英語を使用していると言われます。しかし、ベトナム語はどうでしょう？ベトナム人9300万人と、ごく一部の外国人だけです。英語をいくら勉強したところで、帰国子女や留学経験者にはかなうわけがありません。TOEICでいくら高得点を取ったとしても、当たり前すぎてアピールポイントにはならないのです。あなたの周りを見渡してみてください。ベトナム語をしゃべれる人がいますでしょうか？ベトナム人の知り合いはいたとしても、ベトナム語を話せる日本人はほとんどいないと思います。

ベトナム語でベトナム人と会話できれば、相手の反応が変わってきます。英語という借りてきた言語ではなく、相手の母国語を学び、相手の文化への尊敬

の念を示してあげる。これは誠意として相手に伝わるはずです。就職の時だって履歴書に「ベトナム語が話せる」と書いてみてください。採用担当者は必ず興味を持ってくれると思いますよ。

　本書の目的は知識・教養としてのベトナム語ではありません。**実際に会話し、ビジネス、勉強に役立てることが目的**です。

　大丈夫です。何も心配はいりません。私がベトナム語を本格的に勉強し始めたのは38歳の時でした。外大出身でもなく、言語学者でもありません。新聞記者という激務の合間を縫って、ほぼ独学で勉強しました。**皆さんにも絶対にできます。大事なことは「できない」という心の壁を打ち破ることなのです。**

著者追記

出版から2年も経たないうちに3刷となり、大変うれしく思います。多くの方からお褒めの声をいただく一方、誤記、理解不足などのお叱りもいただきました。私はたくさんの日本人にベトナム語を勉強していただき、ベトナムと日本の良好な関係の構築に少しでも貢献したいと思って本書を書きました。ベトナム語教育はまだまだ発展のさなかで、もっと分かりやすくできると感じています。日越のベトナム語研究者とも意見交換、協力をしながら、より良いベトナム語教育のノウハウを日本に広めていきたいと考えています。まだまだ勉強不足の私ではありますが、今後もベトナム語研究に精進していくつもりです。

2020年5月　筆者

第 1 章
文字と発音を学ぼう

ベトナム語学習の最初の難関は発音。
でもイメージをつかんでくり返し学習すれば大丈夫！
この章で、英語にない文字、声調記号の読み方を
しっかりマスターしましょう！

Unit 1 ベトナム語のアルファベット と発音

アルファベット

29文字あります。A、D、E、O、Uはベトナム語独自の文字もあり、F、J、W、Zはありません。(外来語に使う場合があります)

文字の読み方 (→Unit 2)

アルファベットを使いますが、英語と発音が違うものがたくさんあります。文字そのものが発音記号のようなものなので、1つ1つ覚えておけば単語の発音ができます。単語はほとんど1音節でできています。

声調

単語や文の中では、アルファベットに加え、声の高さや調子が文字で示されます。声調は6種類(記号なし含む)あり、文字の上や下にある記号で表します。(→Unit 3　絶対通じる声調のコツ)

a á à ả ã ạ

もともとの文字にも記号が付いているものがあります。混乱しないように1つずつ覚えましょう。

北部発音・南部発音

本書では北部発音を基本としますが、中部・南部発音についても触れます。

ベトナム語のアルファベット

グレーの部分が母音、それ以外は子音になるものです。

実際の発音は、次のユニットで学びます。(ベトナム語のアルファベットは「アー、ベー、セー」とフランス語読みです。CDの音声を聞いて読み方も覚えましょう)

A a アー	Ă ă アァ	Â â アー	B b ベー	C c セー	D d ゼー
Đ đ デー	E e エー	Ê ê エー	G g ガー	H h ハッ(ト)	I i イー
K k カー	L l エロー	M m エモー	N n エンノー	O o オー	Ô ô オー
Ơ ơ オー	P p ペー	Q q クイー	R r エロー	S s エッシィー	T t テー
U u ウー	Ư ư ウー	V v ヴェー	X x イックシー	Y y イー	

  谷

  帽子

記号と同じように下がって上がるように短く発音します。

口を狭く開く、こもった発音です。

  ひげ

唇を丸めずに横に開いて中間音（あいまいな音）で発音します。

横棒があるđが「デー」、ないものは「ゼー」です。

❖ ơはオの口を少し横に開いてエを言うように発音し、ưはイのように唇を大きく左右に開いてウの音を出すように発音します。
❖ ơ ưのひげ部分（ʼ）は、必ず文字にくっつけて書くように注意。

Unit
2 つづりと発音

　ベトナム語はアルファベットを使いますが、発音が英語とは異なるものがあります。最低限の基礎知識を頭に入れ、「英語とは違うんだ」ということを理解してください。

　文字の発音の説明にカタカナを使用していますが、これは基礎知識を得るためのものであって、発音自体はカタカナとは違います。単語レベル、文章レベルでは決してカタカナ発音をしないようにしてください。

母音

短母音

文字	読み方	近い英語の発音
a	アー	[ɑ:]
ă	ァア	[a]
â	アー	[ə]
i	イー	[i:]
y		[i:]
u	ウー	[u:]
ư		-
e	エー	[e:]
ê		-
o	オー	[ɑ]
ô		-
ơ		[ə:]

複合母音

文字	読み方	近い英語の発音
ia	イーア	[i:ə]
iê	イエ	[ie]
yê		[ie]
ua	ウア	[uə]
ưa		-
uô	ウオ	[uo]
ươ		-

・オレンジ色の部分は英語と違うものです。
・同じカタカナで書かれている文字も、全部発音が違います。発音の違いは次のユニットで詳しく学習しますので、まずは基礎知識として覚えてください。

18

子音 （頭子音は、次にaが続く場合の音をカタカナ表記しています）

頭子音（語頭）

文字	読み方	近い英語の発音
b	バ	[b]
c	カ	[k]
k	カ	[k]
ch	チャ	[tʃ]
tr	チャ	[tʃ]
đ	ダ	[d]
d	ザ	[z]
r	ザ	[z]
gi	ザ ズ※	[z][zi:]
g	ガ	[g]
gh	ガハ	[g]
h	ハ	[h]
k	カ	[k]
kh	カハ	[kh]

文字	読み方	近い英語の発音
l	ラ	[l]
m	マ	[m]
n	ナ	[n]
nh	ニャ	[nj]
ng	ンガ	[ŋ]
p	パ	[p]
ph	ファー	[f]
qu	クワー	[kw]
s	サ	[s]
x	サ	[s]
t	タ	[t]
th	タハ	[th]
v	ウァ	[v]

末子音（語末）

文字	読み方	近い英語の発音
-p	ッ(プ)	[p]
-t	ッ(ト)	[t]
-c	ッ(ク)	[k]
-ch	ック	[k]
-m	ム	[m]
-n	ン	[n]
-ng	ン(グ)	[ŋ]
-nh	イン	[in]

- オレンジ色の部分は英語と違う発音です。
- 小さい字はほとんど発音しません。
- -ng が典型ですが、（ ）内は口の形だけをして、発音をしない末子音がほとんどです。
- すべて北部発音です。南部の発音は次のユニットのそれぞれの発音のところで取り上げます。

※ giのあとに何もないときは「ズ」、母音が続く場合は「ザ」のようになります。

1 文字と発音を学ぼう

2 基本単語を覚えよう

3 文法と会話

4 ビジネス

Unit 3 絶対通じる発音のコツ

声調　　子音、母音と並んで難しいのが声調（dấu＝ゾゥ）※です。ベトナム語は単語ごとに声調があり、外国人には分からないわずかな違いでも意味が全く異なってくるのです。しかも、中国語の4種類、タイ語の5種類を上回る6種類の声調があります。日本語には声調がなく、全体的に下げ気味に発声する特徴があるので、余計に困惑してしまいます。

　しかし、声調を覚え、きちんと発音すれば通じる確率は大幅に高まります。諦めずに一つ一つ覚えていきましょう。

声調って何❓

　1つの音の中で高さを上げたり、下げたり、低く止めたりする発声法のことです。日本語には一つ一つの音に声調はありませんが、単語レベルで高低のアクセントがあり、文章自体にも声調に近い抑揚があると筆者は考えます。

ベトナム語 ▶ 　Tôi là sinh viên Nhật.

　抑揚　　→　　↘　　→　　→　　↓

　　　　※文の構造に関係なく、一語一語に声調が決まっている

日本語 ▶ 　私は日本の学生です。

　抑揚　　→　　→　　→　　↘

　　　　※肯定文では最後に下がり、疑問文では上がる

　声調を覚える前にベトナム語の大原則を覚えてください。

ベトナム語は基本的に上げ気味に読むということです。

（もちろん、下げて読む声調が付いているときは下げます）

　例えば、ベトナム人にも人気の「ユニクロ」は日本語ならば「ユニクロ」と最初は上がり気味、最後は平坦に読みますが、ベトナム語では「ユニクロ」です。筆者の名前は「とみやま」ですが、ベトナムでは「とみやま」と全て上げて読みます。

※声調は「thanh＝ティン」と言うときもあります。

日本人は疑問文以外では基本的に下げ気味に発音します。この真逆の発音の特徴が日本人のベトナム語習得を難しくしているのです。

この大原則を理解して発音すると、固有名詞がよく通じるようになります。

☆ 絶対通じる声調のコツ

まず、音声を聞きながら、6つの声調のイメージをつかみましょう。

記号	呼称	発声法	コツ
a	không có dấu 「記号なし」の意味	高めの音で平板に	あー 見上げる
á	dấu sắc 「色」の意味	急上昇	あぁ? 驚く
à	dấu huyền 「玄」の意味	急降下	あぁー 落ち込む
ả	dấu hỏi ?(疑問符)の意味	少し上げて 下がる [最後は元に戻る]	あぁあ ため息
ã	dấu ngã 「転ぶ」の意味	下がって 上がる	ぁあ もだえる
ạ	dấu nặng 「重い」という意味	発音した口の形の まま息を止める	あっ。 呼吸が止まる

✤ 便宜上 a を使っていますが、ほかの母音も同様に発音します。

---

1 文字と発音を学ぼう

2 基本単語を覚えよう

3 文法と会話

4 ビジネス

21

練習してみよう

声調	読み方	注意点	単語例	意味
a	アー →	日本語より高い音から始め、平板に ＊音をしっかりと伸ばす	ba バー xe セー	3 車
á	アァー↗	普通の高さから音を上昇させる ＊小さい同音を言い直す感じ	cá カアー↗ lá ラアー↗	魚 葉
à	アァー↘	低めの高さから音を下降させる ＊小さい同音を言い直す感じ	bà バアー↘ bò ボオー↘	おばあさん 牛

声調	読み方	注意点	単語例	意味
ả	アァア	少し上げ気味から始め、下げたあと、しっかり上げると通じる ＊がっかりしたときの「あ〜ぁ」に近い	phở ファオウォ hỏi ホォイ	フォー 尋ねる
ã	アァァ	一回下がってからもだえながら上昇し最後は高音に ＊徐々に上昇させるのがポイント	mã マァァ↗ Mỹ ミイィ↗	馬 米国
ạ	アッ	かなり低い音から始め、急ブレーキ ＊しっかりと息を止め、音を消すことがポイント	bạn バッ↓ sợ ソッ↓	友達 恐れる

聞き取り練習

どちらの音を先に読んだか、選びましょう。間違えた場合は、もう一度復習してください。

(1) la　　lá

(2) bàn　　bạn

(3) mã　　má

(1) lá　(2) bàn　(3) má

母音

　前のユニットで母音と子音の発音の基礎は解説しましたが、それだけでは発音はできないと思います。このユニットでは実際の単語をまじえ、通じる発音のコツを解説します。皆さんが理解しやすいようにカタカナを使いますが、多くのベトナム語教科書が教える単純なローマ字読みではなく、通じやすいように工夫した『超カタカナ表記』（※）にしますので、それを参考にしながら、見本音声をまねしてみてください。また、矢印で示す声調の上がり下がりを強く意識して発音してください。

※超カタカナ表記

　ベトナム語はローマ字で表記してあるので、ついついそのまんまカタカナ読みしてしまいがち。**これが日本人がベトナム語を話せない大きな要因**なのです。そこで、全く音声が違うベトナム語をあえて日本語のカタカナで表現すると、どういう書き方が似ているのか、を研究して筆者が編み出した独自の表記法です。例えば、ベトナムの有名な麺は「フォー」ではなく、「ファオゥオ」です。

　ベトナム語を通じさせるために母音は最も大事な要素です。日本語ではア、イ、ウ、エ、オの5種類しかありませんが、ベトナム語では11種類あります。違いをハッキリと頭にたたき込み、しっかりと区別して発音してください。
　その際に、前のユニットで学んだ声調にも注意してください。

「ア」の発音

母音	発音	発音の注意	単語例	
a	アー	日本語のアより口を大きく開け、長めに伸ばす。	ra ザー	外へ
		*口を大きく開ける	ma マー	悪魔
ă	ァア	小さいアから始まり、軽く上昇する（aより短い）	năm ナアム	5、年
		*口はやや横に開く	bằng バーン(グ)↘	証拠、等しい
â	ア	のどの奥の方でこもった音を短く出す 英語の[ə] に近い音。	cần コァン↘	要る
		*口は閉じ気味。σを短くしたような発音。	bận バッ	忙しい

「イ」の発音

母音	発音	発音の注意	単語例	
i/y	イー	日本語のイより口を大きく開き、長く伸ばす	gì ズィー↘	何
			mình ミン↘	自分自身
		*口は大きく横に開く	ý イィー↗	意義
			lý リィー↗	理性

「ウ」の発音

母音	発音	発音の注意	単語例	
u	ウー	日本語のウより口を大きく開き、長めに伸ばす	ru ズー	あやす
		*口は激しくとがらせる	dùng ズン(グ)↘	使う
ư	ウー ウが80%、 イが20%	イの口をしながらウを発音する	thư トゥフー	手紙
		*口は少し横に開く	đứng ドゥン(グ)↗	立つ

「エ」の発音

母音	発音	発音の注意	単語例	
e	エー	日本語のエより口を大きく開き、伸ばす	rẽ ゼー	曲がる
		*音は高めで緊張感がある *口は大きく横に開き、口角を少し上げる	mẹ メッ	母
ê	エー エが80%、 オが20%	のどの奥の方でこもった音を出すイメージ	dê ゼー	ヤギ
		*日本語のエーに近い *口は閉じ気味	về ヴェー↘	帰る

26

「オ」の発音

母音	発音	発音の注意	単語例	
o	オー オが80%、 アが20%	日本語のオより口を大きく開き、長めに伸ばす	khó コホー ↗	難しい
		*英語の[ɔː]と同じ *口の中の空間を大きく使う。	bò ボォー ↘	牛
ô	オー オがほぼ100%	のどの奥の方でこもった音を出すイメージ	cô コー	おばさん
		*日本語のオにもっとも近い *口を丸く、閉じ気味にする	tôi トーイ	私
ơ	オー オが50%、 アが50%	オの口をしながらアを発音する *英語の[ə:]に近い。	nơi ノイ	場所
		*口は閉じ気味で左右に少し開く。	cơm コム	ごはん

1 文字と発音を学ぼう
2 基本単語を覚えよう
3 文法と会話
4 ビジネス

二重母音

 CD 1-09

発音のこつは、「イ・ア」のように別々に発音せず、続けて一拍で言うことです。最初の音が少し強めになります。

ia	イーア	kia キーア bia ビーア	あちら ビール
iê	イエ	riêng ズィエン(グ) miền ミエン⌄	別々に 地方
yê	イエ	yên イエーン yến イエン↗	安心な ツバメ
ua	ウーア	mua ムーア cua クーア	買う 蟹
uô	ウオ	uống ウオン(グ)↗ buồn ブオン⌄	飲む 悲しい
ưa	ウア	mưa ムア đưa ドゥア	雨 連れて行く
ươ	ウオ	ước ウオッ(ク)↗ đường ドゥオン(グ)⌄	夢見る 道、砂糖

> 語頭にくるとき、yê と表記します。iê と同じ音です。

◢)) 聞き取り練習

どちらの音を読んだか、選びましょう。間違えた場合は、もう一度復習してください。

(1) nấm　năm

(2) bạn　bận

(3) thư　thừ

(4) dê　rẽ

(5) nói　nơi

(6) bò　bộ

(7) đường　đúng

答え
(1) năm　(2) bạn　(3) thư　(4) dê
(5) nơi　(6) bò　(7) đúng

子音

語頭の子音

日本語とほぼ同じ発音

CD 1-11

b	バー	日本語のバ行	ba バー bận バッ	3 忙しい
m	マー	日本語のマ行	mì ミィー mua ムーア	麺 買う
p	パー	日本語のパ行 ※英語のように破裂しない。	pa ri パ リ pao パオ	パリ ポンド
s/x	サー	日本語のサスセソ ※英語のように息が強くない。 xにも「ク」の音は入らない。	siêu スィエウー xa サー	【超】すばらしい 遠い
t	ター	日本語のタ行 ※英語のように破裂しない。	tai ターイ tính ティン↗	耳 計算する
đ	ダー	日本語のダ行	đá ダァー↗ đúng ドゥン(グ)↗	氷 正しい
n	ナー	日本語のナ行	no ノー nữa ヌゥア	満腹な もっと
c/k	カー	日本語のカ行 ※英語のように破裂しない。	cá カァー↗ kem ケーム	魚 アイスクリーム

g	ガー	日本語のガ行	gà ガァーヽ gạo ガオッ	鶏 米
h	ハー	日本語のハ行	hiếm ヒエム／ hút フッ(ト)	希少な 吸う
l	ラー	日本語のラ行。	lo ロー lớn ロォン／	心配する 大きい

・**英語と似た子音**

ph	ファー	英語のfの音。 ※唇を軽くかむ。hではないので注意。	phim フィーム phí フィー／	映画 費用
v	ヴァー	英語のvの音。 ※vは唇をしっかり噛んでから「ヴァッ」と音を爆発させる。	về ヴェーヽ và ヴァーヽ	～について ～と（and）

※bは閉じている口を自然に開いたときの音。vとは比較的簡単に区別できるので常に意識しよう。

・**ベトナム語特有の読み方**

d	ザー	北部発音では日本語のザ行。 ※中部、南部地方では「ヤ」となる。	da ザー dịp ズィッ(プ)	皮膚、皮革 機会
r	ザー	北部発音では日本語のザ行。 ※中部、南部地方では「ラ」となる。	ra ザー riêng ズィエン(グ)	外へ 別々に
gi	ザー／ズィ	あとに母音が続かないときに「ズィ」となる。 ※中部、南部地方では「ユィ」となる。	giờ ズォーヽ gì ズィーヽ	～時 何

※いずれも英語読みにしないように注意。

ch	チャー	北部の標準的なベトナム語ではどちらも「チャ」で比較的日本語に近いが、オーバーに明るい感じで発音すると通じやすい	chanh チャィン cha チャー	レモン お父さん
tr			tranh チャィン trong チョン(グ)	絵画 〜の中に

❖ chanh の anh は北部発音では「アィン」と発音する。（中部や南部では「アン」）
❖ tr を「チャ」と発音するため、ベトナム人が話す英語では「train」が「チェーン」になったりするので注意。

nh	ニャー	「ニャ、ニ、ニュ、ニェ、ニョ」に変化する。発音の直前に「ン」を挿入する要領で鼻濁音として「ンニャ」と発音すると通じやすい。	nhiều ンニエウヽ	たくさんの
			như ンニュー	〜のような
th	タハー	h部分は、空咳をする感じ。「フ」の音はほとんど出ずに、空気だけが出るように。t, kと区別できるようにしよう。	thảm タハアム tháng タハーン(グ)↗ thích テヒィッ(ク)↗	カーペット 月（month） 好む
kh	カハー		không コホン(グ) khi キヒィ	〜でない 〜の時

語末の子音

・鼻にかかる音

-m	ム	唇を閉じる。	xem セー(ム) cấm コア(ム)↗	見る 禁じる
-ng	ン(グ)	「グ」の口をして（＝口を開けて）、ほとんど発音しない。	mang マン(グ) tiếng ティエン(グ)↗	持って行く 言語、時間
-n	ン	日本語の「ン」と同じで口を閉じる。	tiền ティエン↘ màn マァーン↘	お金 幕
-nh	イン	原則として口を閉じずに唇を左右に引いて発音する。ただし、前が「i」の場合は口を閉じ、最後に鼻から「h」の音を出すイメージ	nhanh ニャイン thành タハイン↘	速い 成る

・詰まる音

-ch	ッ(ク)	似て非なる末子音。-chは「ク」とほぼ同じでハッキリと発音し、-cは「ッ」を発音するイメージで「ク」の音はほとんど発音しない。これができると、会話力が格段に向上するので必ず身につけたい。	bịch ビッ(ク) sách サッ(ク)↗	🈺袋 本
-c	ッ(ッ)	″	cục クッ(ク) thuốc トフウオッ(ク)↗	部署、局 薬
-p	ッ(プ)	「ップ」というつもりで音は出さない。	sếp セェッ(プ)↗ bắp バッ(プ)↗	上司 とうもろこし

1 文字と発音を学ぼう
2 基本単語を覚えよう
3 文法と会話
4 ビジネス

-t	ツ（ト）	「ット」というつもりで音は出さない。	bút ブッ(ト) phát ファッ(ト)	ペン 交付する

☆ベトナム語の発音の基本ルールまとめ

❶ ほぼローマ字読みである

　ベトナム語は迷ったらローマ字読みしてください。ごく一部の例外を除き、英語のローマ字読みに近い発音が多いです。ただ、ベトナム語は声調もあり音の出し方も全く違いますので、「カタカナ発音（ローマ字読み）」では通じません。欧米人のベトナム語発音が悪いのはこのためです。

❷ d が2種類ある

　われわれがよく知っている d / D はベトナム語では「ザ」（南部では「ヤ」）に、đ / Đ と横棒が入ったものが「ダ」（南部では「ダ」と「ヤ」の中間）になります。記号を省いてベトナム語を書くと、この区別ができなくなり、全く意味が通じなくなります。

❸ anh は「アィン」になる

　これは北部特有のものですが、非常によく出てくるので覚えてください。中部、南部では「アン」になります。本書ではハノイの発音を教えていますので、基本的には「アィン」で覚えてください。それでも中部、南部の人は理解してくれます。

❹ tr / ch は「チ」の音になる

　北部で特にこの訛りが強いです。地域、単語によって tr を「トゥルゥ」と発音することがあり、中部では「Tran さん」のことを「トランさん」と呼びます（北部では「チャンさん」）。まずは難しいことは考えず、「チ」で覚えてください。

❺ gi / r が「ズ」の音になる

　これも北部特有で、南部ではgiが「ヤ」に、rが「ロ」なります。ただ、単語によっては微妙なこともあり、一概には言えません。Mấy giờ?（何時？）、Đúng rồi.（そうです）など頻出の言葉で北部、南部の違いを学習してみるとよいでしょう。

❻ 「x」が「サ」の音になる

　xで始まる英語はX-ray（X線、レントゲン）以外あまりなさそうですが、ベトナム語ではたくさんあります。エックス感を残して発音したくなるのですが、きれいに澄んだsの音になります。

☆地域による発音のルール　まとめ

頭部子音は次に「ア」音がくるときの発音です。（北→南の順に発音）

記号	北部発音	南部発音	例
d-	ザ	ヤ	dưới　下に 北 ズォイー　南 ユォイー
đ-	ダ	ダとヤの中間	đúng　正しい 北 ドゥン(グ)　南 デュン(グ)
-anh	アィン	アン	rảnh　暇な 北 ザィン　南 ラン
tr-	チ	チ（強く）	tranh　絵 北 チャィン　南 チャン
ch-	チ	チ（弱く）	chanh　レモン 北 チャィン　南 チャン
gi-	ザ	ヤ	giới　業界 北 ズォイー　南 ヨイー
r-	ザ	ロ	rồi　すでに 北 ゾーイ　南 ローイ
-êu	エウ	ユー	hiểu　理解する 北 ヒエウ　南 ヒュー

[実践練習]

似た単語の発音練習をして、母音、子音の読み方と声調を復習しましょう。（慣れたらカタカナを隠して発音してみましょう）

có	コー↗	ある、いる
cô	コー	おばさん
thư	トゥフー	手紙
thứ	トゥフー↗	〜番目、〜曜日
thử	トゥフウゥ	試す
phố	フォー↗	街、通り
phở	ファオウォ	（麺の）フォー
mua	ムーア	買う
mùa	ムーア↘	季節
mưa	ムーア	雨
tôi	トーィ	私
tới	トォィ	来る、次の
tỏi	トオォィ	にんにく

thuê	トゥフエー	借りる
thuế	トゥフエー↗	関税
tuyển	トゥイエェン	選ぶ
tuyến	トゥイエン↗	線、ルート
cũng	ク↑ウゥン(グ)	〜も（also）
cùng	ク↓ウン(グ)	一緒に、同じ

聞き取り練習

どちらの音が読まれたか、選びましょう。

(1) có　　cô

(2) thư　　thứ　　thử

(3) phố　　phở

(4) mua　　mùa　　mưa

(5) tôi　　tới　　tỏi

(6) thuê　　thuế

(7) tuyển　　tuyến

(8) cũng　　cùng

 答え

(1) cô　(2) thư　(3) phở　(4) mưa　(5) tôi　(6) thuế　(7) tuyển　(8) cũng

Unit 4 効果絶大!「空耳学習法」

　声調と発音をひととおり学んだところで、文の中でも言えるように練習してみましょう。ベトナム語の会話では、**6種類ある声調と11の母音をいかにハッキリと発音するかが生命線**なのです。単語では発音できても文の中では格段に難しくなります。そこでその訓練に役立つのが、「空耳学習法」なのです。

Ba ban ba ban, ban ban.

　一見すると、ドリフターズの歌に見えるこのフレーズ。声調を付けると以下のようになります。音程はちょっと違いますが、音声を聞いてまねてみましょう。（グレーのマーカー文字が声調の違う単語です。）

練習 1　声調に注意しながら発音してみましょう。
（音声は、ゆっくり→ナチュラルスピードの順番に流れます）

　　ばあちゃん　売る　3　机　　友達　忙しい
　　Bà　bán　ba　bàn,　bạn　bận
　　バー　バァーン　バー　バァーン　バッ　バッ
　　↘　　↗　　　→　　↘　　　・　　・

（おばあちゃんが机を3つ忙しい友達に売る）

　最初はきちんと発音できなくても構いません。大事なことは「アルファベットは同じ（似ている）でも声調や記号が付くと全く別の音になる」と気づくことなのです。声調の違いを意識しながら、ゆっくりと発音してみてください。
（1回めは単語ごとに、2回めは1文ごとに読んでみましょう）

声調を思い出してみよう！

練習 2 音声を聞き、後について読んでみましょう。

父 カラス 見過ごす セット 贈り物
Bố quạ bỏ qua bộ quà.
ボォー クワッ ボウォ クワー ボッ クワー
↗ ↘ ↗ → ↘ ↘

(カラスのお父さんが贈り物の詰め合わせを見過ごす)

神様 まだない 貯める ヨーグルト
Chúa chưa chứa sữa chua.
チューア チュア チューア スゥウア チューア
↗ → ↗ ↗ →

(神様はまだヨーグルトを貯めていない)

後に 6 ～時 なし 問題
Sau sáu giờ không sao?
サウ サーウ ズォー コホン サオ
→ ↗ ↘ → →

(6時以降は大丈夫？)

私 買う 服 雨 ～に 季節 雨 そして 踊る
Tôi mua áo mưa trong mùa mưa và múa.
トーイ ムーア ァァオ ムア チョン ムーア ムア ヴァー ムーア
→ → ↗ → → ↘ → ↘ ↗

(私は雨季に雨がっぱを買って踊る)

私 点ける 明かり ために 行く 寺
Tôi thắp đèn để đến đền đen.
トーイ トハップ デン デェエ デン デン デン
→ ↘ ↘ ↘ ↗ ↘ →

(真っ暗な寺に行くために明かりを点ける)

今すぐできるベトナム語入力

　ベトナム語は複雑そうに見えますが、慣れれば日本語より早く入力できます。
　パソコンやスマートフォンで、アップル製品ならばベトナム語のキーボードは基本装備していて、Windowsはベトナム人が作ったフリーソフトをインストールすれば入力できます。

　ベトナム語入力ができれば、ネット検索でベトナム語を調べることができるので飛躍的に上達するはずです。

　なぜかこの入力法を解説した本が少なく、その結果として
ベトナム語に必要不可欠な声調記号を省くという悪習がまん延してしまっています。
　ベトナム語をマスターしたいならば、ベトナム語入力ができるようになったほうが絶対にいいです。その際に「ベトナム語の記号」を正確に入力するようにしましょう。

■準備
＜iPhone, iPadなどのアップル製品＞
「設定」→「一般」→「キーボード」→「新しいキーボードを追加」で、「ベトナム語」を選択して追加。（配列がいくつかありますが、広く定着しているQwerty配列がお勧め）

＜Windows製品＞
　フリーソフトのunikeyかVietkeyをインストールする。
✤両ソフトともベトナムではとても有名なソフトではありますが、ご自身でリスクを判断したうえでインストールください。

■入力方法

最も一般的で使いやすい「Telex」方式の入力法を説明します。ほとんどのベトナム人がこの入力法で入力しています。

記号	入力方法
â	aa
ă	aw
ư	uwまたはw
ê	ee
ơ	ow
ô	oo
đ	dd
á (dấu sắc)	as
à (dấu huyền)	af
ả (dấu hỏi)	ar
ã (dấu ngã)	ax
ạ (dấu nặng)	aj

※ dấuとはすでに学んだ「声調記号」のことです（p.21参照）。
※「ỗ」「ấ」など複合するときはそれぞれ「oox」「aws」と続けて入力するだけ。

1 文字と発音を学ぼう

2 基本単語を覚えよう

3 文法と会話

4 ビジネス

41

入力してみよう！

フォー
phở → p + h + o + w + r

人
người → n + g + u + w + o + w + f + i

日本
Nhật → N + h + a + a + j + t

牛乳
sữa → s + u + w + x + a

来る、次の
tới → t + o + w + s + i

舌
lưỡi → l + u + w + o + w + x + i

業
nghiệp → n + g + h + i + e + e + j + p

まっすぐ
thẳng → t + h + a + w + r + n + g

〜の前に
trước ⟶ t + r + u + w + o + w + s + c

基準
chuẩn ⟶ c + h + u + a + a + r + n

補助
hỗ trợ ⟶ h + o + o + x , t + r + o + w + j

人気がある
phổ biến ⟶ p + h + o + o + r , b + i + e + e + s + n

　さあ、これで皆さんはベトナム語入力ができるようになりました。
　これはつまり、ベトナム語で書かれている膨大な情報をネット検索できる、ということなのです。たとえばグーグルなどのブラウザーで「Việt Nam」と入力してみてください。大量の新聞、ニュースサイトの情報が出てきます。

　これらをいきなり読もうとしてはいけません。そのページをプリントアウトしてから、皆さんがマスターした入力方法を使って、同じように入力してみてください。
　これがすごく良い練習になります。
　皆さんが小学生の頃にやった「漢字書き取り」と同じ効果が得られます。

1 文字と発音を学ぼう

2 基本単語を覚えよう

3 文法と会話

4 ビジネス

Unit 5 発音はグーグル翻訳から学べる

　赤ちゃんは言葉をどうやって学ぶのでしょうか？ 耳ですよね。言葉という「音声」は耳から学ぶのが一番確実だからです。大人になると、知識がある分、本来学ぶべきでない目から音声を学んでしまいます。その象徴が「カタカナ発音」なのです。何度も言いますが、カタカナは日本語であり、ベトナム語とは全く音が違います。カタカナ発音はゴルフで言えば間違ったフォームを身につけるようなもので、修正がとても難しくなります。

　前のコラムでは私は皆さんにベトナム語の入力方法を説明しました。それには理由があります。ベトナム語を入力できると、「グーグル翻訳」の音声読み上げ機能が使えるからです。グーグルは世界最大級のIT企業であり、皆さんも当然知っていますよね。「グーグル翻訳」のベトナム語の音声読み上げ機能が2016年ごろから向上し、かなり正確な北部発音で読んでくれるようになりました。

　以下の手順で試してみてください。
　①パソコンのブラウザー、アプリなどでグーグル翻訳の画面（下）を表示する。「ベトナム語」がないときは▼ボタンを押して追加する。

②ベトナム語を左側の箱に入力し、左側の箱のスピーカーボタンを押す。

　いかがでしょうか？ちょっと驚きませんでしたか？この発音をマネすればいいのです。発音は目からではなく、耳から学ぶものなのです。

　ベトナム語でもほかの外国語でも今はいろいろなアプリが出ています。ITスキルを使わないで語学を勉強するのは、電卓を使わないで家計簿を付けるようなものです。賢く、上手にソフト、アプリを使えば驚くほど簡単に外国語が身につくのです。
　私が大学生のときはパソコンもさほど普及しておらず、英語の勉強のために米軍向けの放送「FEN」をテープで録音し、ひたすら繰り返し聞いたものです。
　今の時代の人たちは本当にラッキーです。どうか「ITが苦手だ」などと背を背けないでください。上達のスピードが10倍以上遅れます。

　もっと詳しいIT活用法は後の章で詳しく解説しますので、そちらもしっかりと読んでください。（⇒Unit 46参照）

Google、FBがベトナム撤退？

　ベトナムは2018年6月12日の国会で、「サイバーセキュリティ法」を可決しました。ネット上の監視を強化する目的の法律で、最大のポイントは外国企業が保有するデジタルデータを越政府が捜査できるようになることです。GoogleやFacebookといった世界企業がベトナムから撤退するのではないか、との観測が広がっています。

　Googleは中国政府の干渉を嫌い、2010年に中国から撤退しました。ベトナムも二の舞いになる恐れはゼロではありませんが、筆者は大丈夫ではないか、と考えています。その理由の1つ目はベトナムがインドに次ぐIT大国に育ちつつあることです。IT最大手のFPTなど安い人件費を武器に世界各国からIT業務を受託する企業が育っています。加えて、9,300万人の人口は伸び盛りで、ネット関連ビジネスが急成長しています。2つ目はベトナム政府は案外、国民の声に耳を傾けるということです。この法律を巡っては全国各地でデモが起きました。過度なネット監視に対する国民の怒りを越政府は目の当たりにしたので、ごく一部の反政府的な危険分子を除き、監視を強化する可能性は低いと思います。

　とはいえ、ベトナムはほかの国に比べればネット監視は厳しいです。2017年11月には反体制の書き込みをした女性ブロガー、グエン・ゴック・ニュー・クイン被告に禁錮10年の判決が下されました。外国人だからと言って、監視されないとは限りません。ベトナムの政治体制、社会、文化を尊重し、節度ある書き込みを心がける必要があるでしょう。

第 2 章

基本単語を
覚えよう

テーマ別によく使われるやさしい単語を集めました。
1章で学んだ発音記号の読み方を思い出しながら、
カタカナを見なくても
発音できるまで練習しましょう。

Unit 6 数字

数字を覚えると、買い物、食事、タクシーでの移動などベトナムでの行動範囲がグッと広がります。必ず覚えておきましょう。

基本の数字（0-10の数字）

序数は基本的に「thứ＋整数」で表します。1と4だけ例外なので注意。

	整数（普通の数）	序数（〜番目）
0	không コホン(グ)	-
1	một モッ(ト)	thứ nhất※ トゥフー ンニヤッ(ト)
2	hai ハーイ	thứ hai トゥフー ハーイ
3	ba バー	thứ ba トゥフー バー
4	bốn ボーン	thứ tư※ トゥフー トゥー
5	năm ナア(ム)	thứ năm トゥフー ナア(ム)
6	sáu サウー	thứ sáu トゥフー サウー
7	bảy バァァイ	thứ bảy トゥフー バァァイ
8	tám ターア(ム)	thứ tám トゥフー ターア(ム)
9	chín チンー	thứ chín トゥフー チンー
10	mười ムォイ	thứ mười トゥフー ムォイ

❖ ( )内のカタカナはその音を言うつもりで、音は出さない。

基本の数字（2〜3桁の数字）

11以上は日本語と同じように「(整数)＋mười (10)＋整数」となる。序数はthứを頭につけるだけ。ただし、20以上は「mươi」と声調がなくなる。100はtrămを使い、1・白のように表す。色文字は不規則なので注意。

11	mười một ムオイ　モッ(ト)	thứ mười một トゥフー　ムオイ　モッ(ト)
12	mười hai ムオイ　ハーイ	thứ mười hai トゥフー　ムオイ　ハーイ
13	mười ba ムオイ　バー	thứ mười ba トゥフー　ムオイ　バー
14	mười bốn ムオイ　ボーン	thứ mười bốn トゥフー　ムオイ　ボーン
15	mười lăm ムオイ　ラア(ム)	thứ mười lăm トゥフー　ムオイ　ラア(ム)
20	hai mươi ハーイ　ムオイ	thứ hai mươi トゥフー　ハーイ　ムオイ
21	hai mươi mốt ハーイ　ムオイ　モッ(ト)	thứ hai mươi mốt トゥフー　ハーイ　ムオイ　モッ(ト)
30	ba mươi バー　ムオイ	thứ ba mươi トゥフー　バー　ムオイ
50	năm mươi ナア(ム)　ムオイ	thứ năm mươi トゥフー　ナア(ム)　ムオイ
100	một trăm モッ(ト)　チャア(ム)	thứ một trăm トゥフー　モッ(ト)　チャア(ム)
123	một trăm hai mươi ba モッ(ト)　チャア(ム)　ハーイ　ムオイ　バー	thứ một trăm hai mươi ba トゥフー　モッ(ト)　チャア(ム)　ハーイ　ムオイ　バー
254	hai trăm năm mươi bốn ハーイ　チャア(ム)　ナア(ム)　ムオイ　ボーン	thứ hai trăm năm mươi bốn トゥフー　ハーイ　チャア(ム)　ナア(ム)　ムオイ　ボーン

❖ 21〜91は1の部分の声調が変わる（một→mốt）　※mộtでも通じます。
❖ 25〜95はhai mươi nhămのように、lămの代わりにnhămを使うこともある（北部）。
❖ 34はba mươi tư/bốnの両方を使う。

大きな数字、単位

千	một ngàn（会話）／ nghìn（会話・書き言葉） モッ(ト)　ンガーン　　　　　ンギーン	←1×1000
1万	mười ngàn / nghìn ムオイ　ンガーン / ンギーン	←10×1000
10万	một trăm ngàn / nghìn モッ(ト)　チャア(ム)　ンガーン / ンギーン	←100×1000
100万	một triệu モッ(ト)　チィエウ	
1億	một trăm triệu モッ(ト)　チャア(ム)　チィエウ	←100×100万
10億	một tỷ モッ(ト)　ティイ	

覚えておくと便利な大きい数字

☐ 2018年（hai ngàn không trăm mười tám あるいは hai không mười tám）
❖「2千、0・百、18」、「2、0、18」の2つの言い方がある。

☐ 2万ドン（hai mươi ngàn VND＜Việt Nam đồng＞≒96円）

☐ 200万ドン（hai triệu VND）≒9600円

☐ 1億ドン（một trăm triệu VND）≒48万円≒4400ドル

☐ 1兆ドン（một ngàn tỷ VND＜Việt Nam đồng＞）≒48億円≒4400万ドル
❖為替レートは1ドル≒110円≒22700ドン（執筆時点の2018年2月）

ベトナム人は1000を省いて言う

　ベトナムは1980年代に激しいインフレ（貨幣の価値が下がる≒通貨の額面が大きくなる）を経験し、今でも通貨ドン（ベトナムドン＝VND）の額面が大きいです。主に使う紙幣は10万ドン（約500円）、50万ドン（約2,500円）などが多く、ベトナム人は「40万ドン」などと言わず、1000で割った「400」と言うことが多いです。

　小売店でも300K(Kは1kg=1000g)と書いてあったり、タクシーも1000で割った料金が大きく表示されています。

読んでみよう

453,000 VND = bốn trăm năm mươi ba
　　　　　　　　ボーン　チァア(ム)　ナァ(ム)　ムォイ　バー

1,250,000 VND = một triệu hai trăm năm mươi
　　　　　　　　モッ(ト)　チィエウ　ハーイ　チァア(ム)　ナァ(ム)　ムォイ

❖ 100万に当たるtriệuはそのまま言うので、「100万250」という変な言い方になります。上記に単位のドンも入れる場合は、末尾にngàn đồngをつけます。

番地の言い方

　ベトナムの番地は3桁までが多いです。「2桁は個々の数字」「3桁は100の位＋個々の数字」で言うと通じやすいです。なお、ベトナムでは「番地＋通りの名前」で言います。

23 Phan Chu Trinh =Hai ba Phan Chu Trinh
　　　　　　　　　　　ハーイ　バー　ファーン　チュー　チン

536 Kim Mã = Năm trăm ba sáu Kim Mã
　　　　　　　ナァ(ム)　チァア(ム)　バー　サウ　キー(ム) マアァ

❖ 下線部分は通りの名前

　アパートの部屋番号も同様です。

201号室 ： phòng số hai không một
　　　　　フォーン(グ)　ソー　ハーイ　コホーン　モッ(ト)

51

Unit 7 時刻・時間の表現

時刻の言い方　基本編

① 24時制（北部で一般的）

数字＋ giờ　　※〜分は数字＋ phút

7:00 = bảy giờ
バァイ ズォー

11:37 = mười một giờ ba mươi bảy phút
ムオイ モッ(ト) ズォー バー ムオイ バアイ フッ(ト)

14:25 = mười bốn giờ hai mươi lăm phút
ムオイ ボーン ズォー ハイ ムオイ ラア(ム) フッ(ト)

---

② 12時制（南部で一般的、国際ビジネスでも）

数字＋ giờ ＋ sáng（午前）／ chiều（午後）

8:15 A.M. = tám giờ mười lăm phút sáng
タァー(ム) ズォー ムオイ ラア(ム) フッ(ト) サーン(グ)

12:09 P.M. = mười hai giờ chín phút chiều
ムオイ ハーイ ズォー チーン フッ(ト) チィエウ

7:30 P.M. = bảy giờ ba mươi phút chiều
バァイ ズォー バー ムオイ フッ(ト) チィエウ

✤ ①②のどちらでも通じますが、話す地域を参考にして使い分けると誤解が少ないです。

時の言い方

朝	sáng	お昼時	trưa	夕方	chiều
	サァーン(グ)		チュア		チィエウ
晩	tối	夜	đêm	〜秒	giây
	トォーイ		デェ(ム)		ズァイー

| 時刻の言い方　応用編 |

基本は日本語や英語と同じですから簡単ですよね。ただ、より通じやすくするための便利な言い方も2つあるので是非覚えてください。

○時半＝○giờ rưỡi
ズォー　ズォイ

✤ rưỡi は時刻以外でも頻出。前の単語＋半（2個半等）。

7時　　　半
bảy giờ rưỡi (=half past seven)
バアイ　ズォー　ズォイ

✤ giờ を省き、bảy rưỡi という場合もある。

○時△分前＝○giờ kém △phút
ズォー　ケー(ム)　フッ(ト)

✤ kém は「劣る、足りない」の意味。

12　　　　～分前　　15
mười hai giờ kém mười lăm
ムォイ　ハイ　ズォー　ケー(ム)　ムォイ　ラア(ム)

今　　　　何時
Bây giờ là mấy giờ?　今何時ですか。
バイー　ズォー　ラァー　マイー　ズォー

Bây giờ là bảy giờ sáng.　午前7時です。
バイー　ズォー　ラー　バアイ　ズォー　サーン(グ)

午後7時は、
bảy giờ tối。

1 文字と発音を学ぼう
2 基本単語を覚えよう
3 文法と会話
4 ビジネス

53

ベトナム語らしい時刻の表現

lúc năm giờ
ルック ナア(ム) ズォー
ちょうど5時に

=năm giờ đúng
ナア(ム) ズォー ドゥン(グ)

khoảng chín giờ
クォアン(グ) チーン ズォー
9時くらい

mất hai mươi phút
マッ(ト) ハーイ ムオイ フッ(ト)
20分かかる

✤直訳では「20分を失う」。

☆「1時間」の言い方

　何時かを言う場合は giờ を使いますが、1時間、2時間といった所要時間を言う場合は tiếng を使います。
　この単語を見たことがありませんか？　そうです。「ベトナム語」という意味の tiếng Việt の tiếng です。ベトナム語では言葉にいろいろな意味があるのです。

<u>行う</u>　<u>仕事</u>　　　　<u>8時間</u>
làm việc（trong）tám tiếng
ラー(ム) ヴィエッ(ク) (チョーン グ) ターア(ム) ティエン(グ)
8時間労働する

練習問題

ベトナム語で時間を言ってみましょう。24時制と12時制の両方で答えましょう。

（1）午前10時20分
（　　　　　　　　　　　　　　　　　　　　　　　　　）
（　　　　　　　　　　　　　　　　　　　　　　　　　）

（2）午後3時45分
（　　　　　　　　　　　　　　　　　　　　　　　　　）
（　　　　　　　　　　　　　　　　　　　　　　　　　）

（3）午後11時半
（　　　　　　　　　　　　　　　　　　　　　　　　　）
（　　　　　　　　　　　　　　　　　　　　　　　　　）

（4）午前6時10分前
（　　　　　　　　　　　　　　　　　　　　　　　　　）
（　　　　　　　　　　　　　　　　　　　　　　　　　）

（5）ちょうど午後4時
（　　　　　　　　　　　　　　　　　　　　　　　　　）
（　　　　　　　　　　　　　　　　　　　　　　　　　）

1 文字と発音を学ぼう

2 基本単語を覚えよう

3 文法と会話

4 ビジネス

答え

（1）mười giờ hai mươi phút / mười giờ hai mươi phút sáng

（2）mười lăm giờ bốn mươi lăm phút / ba giờ bốn mươi lăm phút chiều

（3）hai mười ba giờ rưỡi / mười một giờ rưỡi đêm

（4）sáu giờ kém mười <phút> / sáu giờ kém mười <phút> sáng

（5）mười sáu giờ đúng / đúng bốn giờ chiều

Unit 8 月、季節、曜日

月と季節

月の覚え方は tháng（月）のあとに数字を言えばよいので、簡単です。季節も同時に覚えましょう。（季節は北部の場合。中部・南部は雨季と乾季はありますが、四季はありません）

❖ 4月だけ「序数」になるので注意。

1月	tháng một タハン(グ)　モッ(ト)
2月	tháng hai タハン(グ)　ハーイ
3月	tháng ba タハン(グ)　バー
4月	tháng tư タハン(グ)　トゥー
5月	tháng năm タハン(グ)　ナア(ム)
6月	tháng sáu タハン(グ)　サウー
7月	tháng bảy タハン(グ)　バァイ
8月	tháng tám タハン(グ)　タァー(ム)
9月	tháng chín タハン(グ)　チィーン
10月	tháng mười タハン(グ)　ムオイ
11月	tháng mười một タハン(グ)　ムオイ　モッ(ト)
12月	tháng mười hai タハン(グ)　ムオイ　ハーイ

春　mùa xuân
ムゥーア　スアン

夏　mùa hè
ムゥーア　ヘェー

❖ mùa hạ ともいう
ムーア　ハッ

雨季　mùa mưa
ムゥーア　ムア

秋　mùa thu
ムゥーア　トゥフー

冬　mùa đông　　乾季　mùa khô
ムゥーア　ドーン(グ)　　ムゥーア　コホー

旧暦の12月
tháng chạp
タハン(グ)　チャッ(プ)

曜日

週は tuần と言います、曜日には序数を使います。
トゥオン

CD 1-27

曜日	ベトナム語	覚え方
日曜日	chủ nhật チュゥウ ニヤッ(ト)	漢越語で「主日」
月曜日	thứ hai トゥフゥー ハーイ	日曜日から2番目
火曜日	thứ ba トゥフゥー バー	3番目
水曜日	thứ tư トゥフゥー トゥー	4番目
木曜日	thứ năm トゥフゥー ナア(ム)	5番目
金曜日	thứ sáu トゥフゥー サーウ	6番目
土曜日	thứ bảy トゥフゥー バァイ	7番目

日にち

1～10日	ngày mồng[※]＋数字 ンガァーイ モーン(グ)
11～31日	ngày ＋数字 ンガァーイ

❖中南部では mung ということもあります。
❖mồng は日付を表す言葉で、もし1～10日のときに「ngày＋数字」としてしまうと、「●日目」という意味に取られてしまいます。11以上は「●日目」の可能性が低いので、省略好きなベトナム人の特徴で省きます。

1 文字と発音を学ぼう

2 基本単語を覚えよう

3 文法と会話

4 ビジネス

日にち関連のよく使う表現

「〜日」というときは ngày を使い、そのあとに数字を続けます。

24日に	vào ngày hai mươi bốn ヴァオ ンガァーイ ハーイ ムォイ ボーン
15日までに	trước ngày mười lăm チュック ンガァーイ ムォイ ラア(ム)
6日より後に	sau ngày mồng sáu サウ ンガァーイ モーン(グ) サウー

その他のよく使う時の表現

	過去 （昨日、昨週など）	現在 （今日、今週など）	未来 （明日、来週など）
日	hôm qua ホーム クワー	hôm nay[2] ホーム ナイー	ngày mai ンガーイ マイ
週	tuần trước[1] トゥアン チュオッ(ク)	tuần này[2] トゥアン ナァーイ	tuần sau / tới[3] トゥアン サーウ / トーイ
月	tháng trước タハーン チュオッ(ク)	tháng này タハーン ナァーイ	tháng sau / tới[3] タハーン サーウ / トーイ
年	năm trước / ngoái ナア(ム) チュオッ(ク) / ンゴアイ	năm nay ナア(ム) ナイー	năm sau / tới[3] ナア(ム) サーウ / トーイ

1) trước は「以前の〜」の意味が強く、qua、ngoái は「過去の〜」の意味が強い。
2) 同じ現在でも nay、này で声調が違う。間違っても大丈夫。
3) 未来には、sau と tới の両方が使える。sau は今年の「後の〜」の意味が強く、tới は「来たる」の意味が強い。

年月日の言い方

日本語と反対で「日＋数、月＋数、年＋数」の順番で書きます。

2018年4月15日

日　　　15　　　　　　　月　　4　　　年　　2　　　千　　　ゼロ
ngày mười lăm tháng tư năm hai nghìn không
ンガーイ　ムォイ　ラア(ム)　タハン(グ)　トゥー　ナア(ム)　ハーイ　ンギィーン　コホーン

百　　18
trăm mười tám
チャアム　ムォイ　タァー(ム)

ベトナム人らしい時の表現

あさって	ngày kia ンガァーイ キーア	
しあさって	ngày kìa ガァーイ キィーア	←下がる声調が付く！
一昨日	hôm kia ホー(ム) キーア	❖ hôm kia は3日前
おととし	năm kia ナア(ム) キーア	❖ năm kia は3年前
再来年	năm sau nữa ナア(ム) サウ ヌゥーア	
2年前	năm trước nữa ナア(ム) チュック ヌゥーア	

年齢の言い方

ベトナムでは年齢によって人称代名詞が変わるため、生年をはっきりと言うことが多いです。また満年齢ではなく、「今年何歳になる」という言い回しをします。

例文

生まれた　　年　　いつ
Sinh năm bao nhiêu?　　生まれた年はいつ？
スィン　ナア(ム)　バオ　ニィエウ

Tôi sinh năm 1971 (một chín bảy mốt).

トーイ スィン　ナアﾑ　　　　モッ(ト)　チン　バァアイ モッ(ト)

私は1971年に生まれました。

Năm sinh của tôi là 1971.

ナアﾑ　　スィン　クウア トーイ ラァー モッ(ト)チン バァアイ モッ(ト)

私の生まれ年は1971年です。

Năm nay tôi 47 (bốn mươi bảy) tuổi.

ナアﾑ　ナイー トーイ　　　ボン　　ムォイ　バァアイ　トゥォオイ

私は今年47歳です。

練習問題　ベトナム語に訳してみましょう。

(1) 2027年3月9日

_____

(2) おとといは水曜日です。

_____

(3) 16日までに

_____

(4) 私は1998年生まれです。

_____

答え

(1) ngày mồng chín tháng ba năm hai nghìn không trăm hai mươi bảy
(2) (Ngày) hôm kia là thứ tư.
(3) trước ngày mười sáu
(4) Tôi sinh năm một chín chín tám.

通りの名前に要注意

　ベトナムの通りの名前は大部分が政治家、武将など偉人にちなんでいます。例えばベトナム最大の経済都市、ホーチミン市で日本料理店が集積する「レ・タン・トン通り」は15世紀のベトナムの皇帝、黎聖宗（Lê Thánh Tông）にちなみ、ハノイのノイバイ国際空港から市内に通じる「ヴォー・グエン・ザップ通り」は〝赤いナポレオン〟と呼ばれ、1954年にフランス軍を撃退した猛将、武元甲（Võ Nguyên Giáp）から付けています。都市ごとに同じ名前の通りがあるので混乱してしまいます。

　ベトナムでお店を始めるとき、ぜひ注意を払っていただきたいのが通りの名前です。日本人（外国人）が発音しやすいかどうかによって、タクシーでの行きやすさが変わってくるのです。要注意は「D」が付く通りです。ベトナム語では「D」が「D（ザ）」と「Đ（ダ）」2種類あるのですが、多くのガイドブックでは英語表記のDしか書きません。例えば、「Trần Duy Hưng通り」は「チャン・ズイ・フン」なのですが、英語表記にすると「チャン・ドゥイ・フン」になっしまいます。あと、語頭に「Tr（→チ）」、語末に「anh（→アィン）」が付いたり、「dấu nặng」が付いたりする通りも発音が難しいです。

　正確なベトナム語で住所を書き、発音の仕方をカタカナで書いてあげれば、お客さんも来店しやすくなり、きっと商売繁盛につながることでしょう。

Unit 9 家族

お父さん
bố / cha
ボー　チャー

お母さん
mẹ / má
メッ　マァー

お兄さん
anh trai
アィン　チャーイ

お姉さん
chị gái
チッ　ガァーイ

弟　　　**妹**
em trai　em gái
エム　チャーイ　エム　ガァーイ

その他の親族の呼び方

妻	vợ ヴォッ	⟷	夫	chồng チョーン
娘	con gái コーン ガァーイ	⟷	息子	con trai コーン チャーイ
父方祖母	bà nội バァー ノイッ	⟷	父方祖父	ông nội オン(グ) ノイッ
母方祖母	bà ngoại バァー ンゴアッ	⟷	母方祖父	ông ngoại オン(グ) ンゴアッ
孫娘	cháu gái チャウ ガァーイ	⟷	孫息子	cháu trai チャウ チャーイ
赤ちゃん	em bé エ(ム) ベー			

❖ 家族、人間関係を重んじるベトナムではこのほかにもたくさんの呼び方があるのですが、それを最初に覚えようとすると難しすぎてベトナム語が嫌いになります。後の章で丁寧に説明しますので、基本の呼び方だけ覚えましょう。

■あなたは結婚していますか。

<ruby>あなた</ruby> <ruby>めとる</ruby> <ruby>妻</ruby> <ruby>完了疑問形</ruby>
Anh lấy vợ chưa?
アィン ライー ヴォッ チュア

❖ Anh は（年上）男性に対して使う人称代名詞。kết hôn（結婚）という言葉よりよく使われる表現なので覚えておきましょう。

■あなたは子供何人？

<ruby>あなた</ruby> <ruby>いる</ruby> <ruby>子供</ruby>
Chị có mấy con?
チッ コォー マイー コーン

❖ Chị は（年上）女性に対して使う人称代名詞。

■息子が2人います。

<ruby>私</ruby> <ruby>いる</ruby> <ruby>2</ruby> <ruby>児</ruby> <ruby>息子</ruby>
Tôi có hai đứa con trai.
トーイ コォー ハーイ ドゥアー コーン チャーイ

❖ 一般名詞の「子供」ではなく、「自分の子供」という時は前にđứaを付けるのが普通。

「子供愛しすぎ？ 肥満児急増」

　ベトナム人は子供をとてもかわいがります。4、5歳頃までお母さんがごはんを直接食べさせたり、人前で大騒ぎしても叱ったりしない親も多いです。ベトナム政府が1988年以降、子供を2人以下に抑えることを奨励する「2人っ子政策」を進めており、一般的な家庭は子供が1人か2人しかいないことも「猫かわいがり」に拍車をかけています。

　その余波でいま社会問題になりつつあるのが子供の肥満です。ホーチミン市の調査によると、市内の小中高生の4割以上が標準体重を上回り、そのうちの半数が肥満状態です。子供専用のジムも登場しており、料金が1カ月2万円近くするにもかかわらず、盛況です。

　ベトナム政府も子供の肥満問題を重く受け止めており、2018年1月、小中高校での清涼飲料水の販売を禁止しました。2019年からは砂糖入りの飲料に10〜20％の特別消費税をかける案も浮上しています。

　ベトナム人はやせ形が多く、平均身長も東南アジアで最も低いとされていました。1986年のドイモイ政策、2007年の世界貿易機関（WTO）加盟など市場開放と外資誘致でベトナム経済は成長し、ここ数年は特にめざましい発展をしています。国民を太らせることが目的だった貧しい国が肥満問題に悩むようになったのは国にとっては喜ばしいことなのかもしれません。

Unit 10 職業、身分

一般的な職業、身分

ビジネスパーソン	doanh nhân ゾァイン　ニャン
公務員	công chức コン(グ)　チューッ(ク)
教師	giáo viên ズァーオ　ヴィエン
大学生	sinh viên スィン　ヴィエン
高校生	học sinh trung học ホッ(ク)　スィン　チュン(グ)　ホッ(ク) (học sinh cấp ba) ホッ(ク)　スィン　カッ(プ)　バー
中学生	học sinh trung học cơ sở ホッ(ク)　スィン　チュン(グ)　ホッ(ク)　コー　ソォオ (học sinh cấp hai) ホッ(ク)　スィン　カッ(プ)　ハーイ
小学生	học sinh tiểu học ホッ(ク)　スィン　ティエウ　ホッ(ク) (học sinh cấp một) ホッ(ク)　スィン　カッ(プ)　モッ(ト)
主婦	nội trợ ノーイ　チョッ
スポーツ選手	vận động viên ヴァン　ドン(ッ)　ヴィエン
俳優	diễn viên ズィエン　ヴィエン
調理師	đầu bếp ドウ　ベッ(プ)
運転手	lái xe ライ　セー

65

専門職

専門家	chuyên gia チュエン ズァー
芸術家	nghệ sĩ ンゲッ スィイ
音楽家	nhạc sĩ ニャッ(ク) スィイ
教授	giáo sư ザァオ スー
医師	bác sĩ バッ(ク) スィイ
弁護士	luật sư ルアッ(ト) スー
警察官	cảnh sát カァイン サー(ト)
エンジニア	kỹ sư キィイ スー
記者	nhà báo ニャアー バァオ

企業の役職や関係

会社員	nhân viên công ty ニャン ヴィエン コン(グ) ティー
会長	chủ tịch チュウ ティッ(ク)
社長	giám đốc ズァーム ドッ(ク)
工場長	giám đốc nhà máy ズァーム ドッ(ク) ニャア マイー
部長	trưởng phòng チュオン(グ) フォーン(グ)
課長	(người) quản lý ングーイ クアァン リィー

66

上司	**sếp / cấp trên** セッ(プ) カッ(プ) チェン
部下	**cấp dưới** カッ(プ) ズォイ
同僚	**đồng nghiệp** ドン(グ) ンギーエッ(プ)
アシスタント	**trợ lý** ❖秘書は Thư ký。 チョッ リィー　　　トゥー キー
アルバイト	**bán thời gian** バアン トゥフオイ ザン

政府、役所と要職

（共産党）書記長	**Tổng bí thư** トォーン(グ) ビー トゥフー
国家主席	**Chủ tịch nước** チュウ ティッ(ク) ヌオッ(ク)
大統領	**Tổng thống** トォン(グ) トォーン(グ)
首相	**Thủ tướng** トゥフー トゥオーン(グ)
大臣	**Bộ trưởng** ボッ チュオン(グ)
財務大臣	**Bộ trưởng Tài chính** ボッ チュオン(グ) ターイ チーン
副大臣	**Thứ trưởng** トゥノー チュオン(グ)
商工省	**Bộ Công thương** ボッ コン(グ) トゥオーン(グ)
計画投資省	**Bộ Kế hoạch và đầu tư** ボッ ケー ホアッ(ク) ヴァード ドゥー トゥー
外務省	**Bộ Ngoại giao** ボッ ンゴアイ ズァオ
教育訓練省	**Bộ Giáo dục và Đào tạo** ボッ ザオ スッ ヴァー ダオ タオッ

1 文字と発音を学ぼう

2 基本単語を覚えよう

3 文法と会話

4 ビジネス

覚えておくと便利な肩書

Tổng thống Mỹ   アメリカ大統領
トォン(グ)　トホーン(グ)　ミィィ

❖ 国家主席は英語では president（大統領）と訳す。

Bộ trưởng   大臣は漢越語の【部長】
ボッ　チュオン(グ)

Thứ trưởng   副大臣は漢越語の【次長】
トゥフー　チュオン(グ)

ポイント！

・中学生、高校生は「学生」という意味の học sinh のあとに中学生は cấp hai（2級）、高校生は cấp ba（3級）を加える言い方をよくします。

・アルバイトは直訳すると「半時間」という意味です。フルタイムで働くことを làm việc toàn thời gian（全時間働く）と言います。

どこの国の人？

Người Việt   ベトナム人
ングーイ　ヴィエッ(ト)

Người Nhật   日本人
ングーイ　ニャッ(ト)

> người Nhật Bản とはあまり言わない。

Người Hàn（Quốc）   韓国人
ングーイ　ハーン　クオッ(ク)

Người Trung Quốc   中国人
ングーイ　チュン(ト)　クオッ(ク)

❖ 越（Việt Nam → Việt）、日（Nhật Bản → Nhật）、韓（Hàn Quốc → Hàn）など 2 語の国名となる国の一部は 1 語に略す。

大学は出たけれど・・・

　ベトナムでは経済成長に伴って進学率も高まり、大卒者が急増しています。その一方、大卒以上の学歴を持つ失業者は2017年3月時点で13万8000人（労働・傷病軍人・社会事業省の統計）とベトナム全体の失業者の約13％に達します。

　ベトナムの大学卒業者は2015年で442万人と2010年比1.4倍に増えました。ベトナムの受験戦争は日本や韓国に劣らないほど激しく、あまりの宿題の多さに政府が禁止令を出したほどです。大卒者の増加に対して、大卒者に見合った職業が増えていません。企業はハノイ、ホーチミン市に二極集中しているうえ、外資頼みの経済のため、工場労働、現場作業といったエリート層が好まない仕事が多いからです。

　北部バクニン省、タイグエン省に巨大工場を持つ韓国サムスン電子など大手外資の工場では〝大卒工員〟がかなりいるとも言われています。

　ベトナム政府は2020年の工業立国を掲げ、産業育成を急いでいます。不動産最大手のビングループが初の国産車製造に取り組むなど徐々に実現の兆しは見えていますが、まだまだ足りません。

　ベトナムの2017年の国内総生産（GDP）成長率は6.8％と東南アジアトップ級ですが、けん引役は外資です。せっかくの優秀な人材を国内企業で有効活用できなければ、安定的な経済成長は見込めません。

工場での働き口は多いが…

Unit 11 身の回りの物、コト

| 家の中 | |

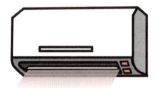

エアコン
điều hòa
ディウ　ホーア

冷蔵庫
tủ lạnh
トゥウ ライッ

台所
phòng bếp
フォーン(グ) ベッ(プ)

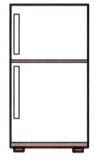

テレビ
truyền hình / ti vi
チュエン ヒン / ティーヴィー

風呂場【房浸】
phòng tắm
フォーン(グ)　タァ(ム)

掃除する
dọn dẹp
ゾッ　ゼッ(プ)

70

部屋や家具

CD 1-36

洗面所	**chỗ rửa mặt** チョー ズーア マッ(ト)
トイレ	**nhà vệ sinh** ニャー ヴェッ スィン
シャワー	**nhà tắm** ニャー タァム
玄関	**lối đi vào / phòng ngoài** ロイ ディー ヴァオ / フォーン(グ) ングアイ
階段	**cầu thang** カオ タハーン(グ)
ベランダ	**ban công** バン コーン(グ)
庭	**sân** サン
寝室	**phòng ngủ** フォーン(グ) ングウゥ
自分の部屋	**phòng riêng** フォーン(グ) ズイエン(グ)
ベッド	**giường** ズーン(グ)
枕	**gối** ゴーイ
リビング	**phòng khách** フォーン(グ) カハッ(ク)
ソファ	**ghế sofa** ゲー ソーファー
テーブル	**bàn** バァーン
椅子	**ghế** ゲー
じゅうたん	**thảm** タハアム
スリッパ	**dép đi trong nhà** ゼッ(プ) ディー チョン(グ) ニャアー

1 文字と発音を学ぼう

2 基本単語を覚えよう

3 文法と会話

4 ビジネス

71

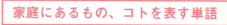

家庭にあるもの、コトを表す単語

電子レンジ	lò vi sóng ロォー ヴィー ソーン(グ)
オーブン	lò nướng ロォー ニュオーン(グ)
掃除機	máy hút bụi マイー フッ(ト) ブイッ
洗濯機	máy giặt マイー ズィアッ(ト)
包丁	dao ザーオ
まな板	thớt トホッ(ト)
食品 (食材も含む)	thực phẩm トゥッ(ク) ファアム
調理	nấu nướng ナオ ニュオーン(グ)
料理 (すぐに食べられるもの)	đồ ăn ドォー ァアン
料理 (レストラン、郷土の料理など)	món ăn モーン ァアン
蛇口	vòi nước ヴォイ ヌオッ(ク)
シャンプー	dầu gội đầu ゾゥー ゴイ ドゥ
リンス	dầu xả ゾゥー サアァ
洗剤	bột giặt ボッ(ト) ザッ(ト)
電灯	đèn điện デェーン ディエン
バスタオル	khăn tắm カアン タアム
靴	(đôi) giày ドーイ ズァイ
サンダル	(đôi) dép ドーイ ゼェーッ(プ)

日本製のクーラーがベトナムでバカ売れする理由

ベトナムのエアコンの世帯普及率は2017年で16.8％とマレーシアの半分以下、シンガポールの3分の1以下にすぎません。そんなエアコン普及期のベトナムにあって、一番売れて

ベトナムの家電量販店ではダイキンが目立つ位置で売られる（ハノイ）

いるのが最も価格が高い日本のダイキン工業。同社によると、シェアは17年で30％超とトップ。高くても品質の良さが支持されています。

18年5月時点のダイキンの売れ筋エアコンはエネルギー効率が良いインバーター付きで約6万1000円。韓国LGより3割、中国製品より8割高い。ベトナム人消費者の話を聞くと、「音が静か」「電気代が安い」「壊れない」など口コミ情報を元によく研究しています。既存の安価な製品から買い換える人も多い。ダイキンは販売好調を受け、18年5月に1000億円を投じてハノイ郊外に同国初の工場を竣工しました。

ベトナムはほんの一昔前まで貧しく、「安かろう悪かろう」の商品が売れていました。にわかに「高くても良い物」を求めるようになった背景には「フェイスブック」「ザロ」などの交流サイトがあると思われます。フェイスブックは5800万人が利用し、ザロも3,000万〜4000万人が使っている模様。しかも、ベトナム人は1000人以上の友達とつながるのがザラで、その口コミパワーはマスコミに匹敵します。情報武装し、賢くなった消費者が日本製の品質の高い商品を求めているものと思われます。

Unit 12 食べ物、料理

ベトナム料理 (món ăn Việt Nam)

鶏肉入りフォー　**phở gà**
ファオウオ ガァー

牛肉入りフォー　**phở bò**
ファオウオ ボォー

ベトナムの　　**bánh mì**
フランスパン　バイン　ミィー

❋ 具入りと具なしがあります

越風つけ麺　**bún chả**
ブン　チャアー

❋ オバマ元米大統領が絶賛

生春巻き　**nem sống**
ネー(ム) ソーン(グ)

揚げ春巻き　**nem rán**
ネー(ム) ザァーン

☆ 鉄板フレーズ （→シーン別会話　Unit 38 参照）

店員を呼ぶとき　**Em/Anh ơi.**
エ(ム) / アィン　オイ

お茶をおかわりするとき　**Thêm trà cho tôi.**
テ(ム)　チャー　チョー　トーイ

会計するとき　**Tính tiền cho tôi.**
ティン　ティエン　チョー　トーイ

> cho tôi があると親しみが出る

そのほかの料理

白ごはん	めん	春雨	ビーフン
cơm trắng コ(ム)　チャアン(グ)	mì ミィー	miến ミエェン	bún ブーン
鶏おこわ	スープ	サラダ	お好み焼き
xôi gà ソイ ガァー	súp スー(プ)	rau trộn ザウ チョン(ッ)	bánh xèo バイン セーオ

調味料

砂糖	塩	酢	しょうゆ※
đường ドゥオン	muối ムオーイ	dấm ザァ(ム)	nước tương ヌオッ(ク)　トゥオン(グ)
コショウ	レモン	トウガラシ	チリソース
tiêu ティエウ	chanh チャイン	ớt オアッ(ト)	tương ớt トゥオン(グ)　オアッ(ト)

※xì dầu 北 とも言う。
スィー　ザウ

飲み物

コーヒー	アイスコーヒー	ジュース	お茶
cà phê カァー フェー	cà phê đá カァー フェー ダァー	nước hoa quả ヌオッ(ク) ホア クァア	trà チャァー
水	コーラ	レモンソーダ	牛乳
nước ヌオッ(ク)	cô ca コー カー	xô đa chanh ソー ダー チャイン	sữa スゥーア
ビール	ワイン※	ウイスキー	氷
bia ビーア	rượu vang ズオッ ヴァン(グ)	rượu whisky ズオッ ウイスキー	đá ダァー

※白は trắng、赤は đỏ。
　　　チャン(グ)　　ドォオ

1 文字と発音を学ぼう
2 基本単語を覚えよう
3 文法と会話
4 ビジネス

| 主な肉、魚 | |

❖ thịt は「肉」の意味

thịt lợn（北）/ thịt heo（南）
ティッ(ト) ロオン　　ティッ(ト) ヘオ

thịt bò
ティッ(ト) ボー

thịt gà
ティッ(ト) ガァー

cá ※鮭＝ cá hồi
カァー　　カァー ホーイ

tôm
トー(ム)

thịt dê
ティッ(ト) ゼー

ếch
エッ(ク)

❖ 蛙鍋は lẩu ếch
ロウ　エッ(ク)

thịt rắn
ティッ(ト) ザァン

野菜、果物

野菜	キャベツ	cải bắp〔bắp cải〕	カアイ バァッ(プ) バァッ(プ) カアイ
	ピーマン	ớt xanh	オアッ(ト) サイン
	トマト	cà chua	カァー チューア
	ジャガイモ	khoai tây	コホアイ タイー
	ニンジン	cà rốt ✤薬用人参は nhân sâm	カオー ロッ(ト)　ニャン サーム
	タマネギ	hành tây	ハイン タイー
	パクチー	rau mùi	ザウ ムーイ
	ミント	cây bạc hà	カイー バッ(ク) ハァー
	バジル	húng quế	フゥン(グ) クエー
	にんにく	tỏi ✤発音注意	トォオイ　tôi(私)と違う。
果物	レモン	(quả) chanh	クワア チャイン
	スイカ	(quả) dưa hấu	クワア ズア ハーウ
	マンゴー	(quả) xoài	クワア ソアイ
	パパイヤ	(quả) đu đủ	クワア ドゥー ドゥウ
	ライチ	(quả) vải	クワア ヴァアイ
	ドリアン	(quả) sầu riêng	クワア ソウー ズイエン(グ)

調理法

炒める	揚げる	煮る
xào / rang サァオ / ザン(グ)	rán(北部) / chiên(南部) ザァンー　　チエン	nấu ナウー
蒸す	焼く	
hấp ハッ(プ)	đốt cháy / nướng ドッ(ト) チャイー　ヌーン(グ)	

味　覚

甘い	辛い	塩辛い
ngọt ンゴッ(ト)	cay カイー	mặn マアッ
苦い	酸っぱい	おいしい
đắng ダン―(グ)	chua チュア	ngon (ン)ゴーン

食器類

皿	茶わん	コップ	箸
đĩa ディイア	bát ăn バッ(ト) アアン	cốc コー(ク)	đũa ドゥウア
スプーン	フォーク		
thìa テヒィーア	nĩa ニィイア		

『塩ください』で腕試し

　想像してください。あなたがレストランで働いていて、料理を食べようとしている外国人のお客さんに変なアクセントで「シッオください」と言われました。あなたは何を持って行けばいいのでしょうか？

　場所柄、タイミングを考えれば、塩であることは容易に想像が付きますよね。しかし、これが多くのベトナム人にはできないのです。ベトナム人は文脈を読むことが本当に苦手で、発音への依存度が極めて高いのです。ベトナム語の塩はmuốiですが、やっかいなことにmười（10）、muỗi（蚊）と似たような言葉が多いので、声調を正確に発音しないと理解しません。

　筆者も何度も「塩ください」で嫌な思いをしました。目玉焼きが目の前にあり、塩を振りかけるジェスチャーをしても、「塩ください（Cho tôi muối.）」が理解してもらえないのです。筆者のベトナム語はハノイの発音なので北部では90%以上通じますが、今でも南部に行くとたまに通じないことがあります。

　「10をください」「蚊をください」なんてあり得ないわけですから、イライラしてしまいますよね。でも、これもお国柄と思って受け入れることです。ベトナムが劣っているのではなく、我々日本人が文脈を読み、相手の気持ちを推し量るすばらしい能力を持っているのではないか、と思います。

　きちんと塩が来るようになれば、あなたのベトナム語もそこそこのレベルに達した証しです。

Unit 13 スマホ、コンピュータ、電話

電話・コンピュータ

スマホ【電話聡明】
điện thoại thông minh
ディエン トアイ トーン(グ)　ミン

携帯電話【電話移動】
điện thoại di động
ディエン トアイ ズィー ドーン(グ)

ノートパソコン
máy tính xách tay
マイー ティン サック ターイ

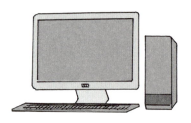

デスクトップパソコン
máy tính để bàn
マイー ティン デー バァン

タブレット端末
máy tính bảng
マイー ティン バァーン(グ)

充電器
máy sạc pin
マイー サッ(ク) ピン

IT、スマホ、パソコンに関わる単語

IT全般	IT（情報技術）	công nghệ thông tin（CNTT） コン(グ) ンゲー トーン(グ) ティン ❖略称は書き言葉
	ホームページ	trang web チャン(グ) ウェ(ブ)
	インターネット通販	mua sắm trực tuyến ムーア サ(ム) チュッ(ク) トゥィエン
	パスワード	mật khẩu マッ(ト) クハァウ
	ソフトウエア	phần mềm ファン メー(ム)
	デジタル	kỹ thuật số キィー トゥアッ(ト) ソー
	メールアドレス	địa chỉ e-mail ディア チィイー イーメウ
スマホ・パソコン	アプリ	ứng dụng ウン(グ) ズン(グ)
	Wi-Fi	Wi-Fi ワイ ファイ
	電池がない	hết pin ヘッ(ト) ピン
	電源を切る/入れる	tắt / bật nguồn タッ(ト) バッ ングーン
	データ	dữ liệu ズゥー リェウ
	バックアップ	sao lưu サオ リュー
	添付ファイル	tập tin đính kèm タッ(プ) ティン ディン ケー(ム)
	アップロード/ ダウンロードする	tải lên / tải về タァアイ レン タァアイ ヴェ
	シェアする	chia sẻ チアセ
	充電する	sạc pin サッ(ク) ピン
	受信する/送信する	nhận tin / gửi tin ニャッ ティン グゥイ ティン

1 文字と発音を学ぼう

2 基本単語を覚えよう

3 文法と会話

4 ビジネス

電話

電話番号【数電話】 số điện thoại
ソー ディエッ トアイ

もしもし Alô.
アロ

間違い電話 sai số
サイ ソー

電話をかける / 電話を切る gọi điện　　cúp máy［dập máy］
コイッ ディエッ　　クッ(プ) マイ　ザッ(プ) マイ

☆ 鉄板フレーズ （→シーン別会話　Unit 42参照）

■ A さんをお願いします。

Please　for　私 会う(話す) Mr.　Ms.
Làm ơn cho tôi gặp anh ［chị］ A.
ラァー(ム) オン チョー トーイ ガッ(プ) アイン　［チッ］ アー

■ 何か言付けはありますか？

あなた ある ほしい 伝言する 何か
Anh có muốn nhắn gì không?
アィン コー ムォン ニャン ズィー コホン(グ)

■ 後でまたかけます。

私　will　かける　電話　また　後で
Tôi sẽ gọi (điện) lại sau.
トーイ セエ ゴイ ディエン ライ サウ

フェイスブック中毒

　ベトナム人は交流サイトが大好きで、「フェイスブック」の利用者は総人口（9,300万人）の62％に当たる5,800万人と言われます。つながっている友達が数百人いる人は普通で、面識のない人にも平気で友達申請します。投稿は誰でも見られる公開設定にしている人が多く、個人情報を悪用される恐れもあります。

　ベトナム人のフェイスブック中毒ぶりには驚かされます。職場、教室ではもちろん、片手運転でバイクを運転しながら見たり、会見の最中にチェックしている記者もいます。もともと家族、友達との関係を重視する国民性で、つながりが確認できる交流サイトはベトナム人の心に刺さったのでしょう。しかし、その依存のおかげで集中力が欠如したり、本を読まなくなったりという弊害が生まれているのは事実だと思います。

　ベトナムの交流サイトで気をつけなければいけないのは不適切な書き込みです。フェイスブックは2017年、越政府の要請に基づき、政府・政治家を批判するなど159件の不適切なページを削除しました。ベトナムの新聞記者が空軍の飛行機が墜落したとき、パイロットを侮辱する書き込みをしたとして逮捕されたこともあります。ベトナムの法律では反政府的なプロパガンダを書き込んだ場合、最高20年の禁錮刑となる可能性があります。外国人といえども、書き込む内容には注意した方がいいでしょう。

Unit 14 街の中

建物

ホテル【客桟】
khách sạn
カハアック　サッ

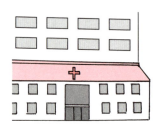

病院【病院】
bệnh viện
ベッ　ヴィエッ

コンビニ
cửa hàng tiện lợi
クウア　ハーン(グ)　ティエッ　ロィ

銀行【銀行】
ngân hàng
ンガン　ハーン(グ)

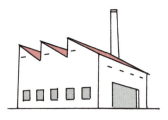

工場
nhà máy
ニャー　マイー

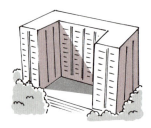

マンション
chung cư
チュン(グ)　クー

☆ 鉄板フレーズ （→シーン別会話 Unit 36、40参照）

■ ～はどこですか？ — ~ ở đâu?
オォ ドゥー

■ ～に行きたいです。 — Tôi muốn đi đến ~.
トーイ ムォン ディー デン

■ 近くに～はありますか？ — Gần đây có ~ không?
ガーン ダイ コォー コホング

■ ～まで何分ですか？ — Đến ~ bao nhiêu phút?
デーン バオ ンニエウ フゥットゥ

❖ ～のところに場所を入れれば通じるはずです。

そのほかの建物や街にあるもの

日本大使館	đại sứ quán Nhật Bản ダイッ スー クアン ンニャッ バァアン
警察署	đồn cảnh sát ドォン カァン サーットゥ
消防署	trạm cứu hỏa チャッ クウー ホォア
公園	công viên 【公園】 コングゥ ヴィエン
お土産屋	cửa hàng lưu niệm クゥア ハァーングゥ ルウー ニィエム
郵便局	bưu điện 【郵電】 ブウー ディエッ
公衆トイレ	nhà vệ sinh công cộng ニャー ヴェッ スィン コングゥ コンッ
博物館	bảo tàng 【宝蔵】 バオ ターングゥ
案内所	văn phòng thông tin ヴァン フォーングゥ トングゥ ティーン
教会	nhà thờ ❖礼拝する家の意味。 ンニャー トホォー

1 文字と発音を学ぼう
2 基本単語を覚えよう
3 文法と会話
4 ビジネス

85

繁華街	**khu vực trung tâm thành phố** クフー ヴッ(ク) チャン(グ) タ(ム) ティン フォー
日本料理店	**nhà hàng Nhật Bản** ニャー ハアーン(グ) ニャッ(ト) バァン
ベトナム料理店	**nhà hàng Việt Nam** ニャー ハアーン(グ) ヴィエッ ナー(ム)
ガソリンスタンド	**trạm xăng** チャッ サァン(グ)
スーパー	**siêu thị** 【超市】 スィエウ ティッ

交通・乗り物

空港	**sân bay** サン バイー
飛行機	**máy bay** マイー バイー
鉄道	**đường sắt** ドゥオン サッ(ト)
駅	**ga tàu** ガー トゥ
高速道路	**đường cao tốc** デュオン カオ トッ(ク)
乗用車	**ô tô / xe hơi** オートー セー ホイ
タクシー	**tắc xi** タッ(ク) スィー
バス	**xe buýt** セー ブイッ(ト)
バス停	**điểm dừng xe buýt** ディエム ズン(グ) セー ブイッ(ト)
自転車	**xe đạp** セー ダッ(プ)

86

橋	cầu コウ
交差点	giao lộ ザオ ロッ
角、コーナー	góc ゴッ(ク)
信号	đèn giao thông デェン ザオ トン(グ)
歩道	vỉa hè ヴィア ヘェー
ブロック（区画）	khu vực クゥフー ヴッ(ク)

Unit 15 オフィス

オフィスの表現

事務所【文房】
văn phòng
ヴァン フォーン(グ)

デスク
bàn làm việc
ヴァン ラァ(ム) ヴィエッ(ク)

出張する
đi công tác
ディー コン タッ(ク)

会議【会議】
hội nghị
ホイ ンギー

はんこ
con dấu
コーン ザウ

エレベーター
thang máy
タン(グ) マイー

その他オフィスにあるもの、コトを表す単語

電話	điện thoại ディエン トホアイ
コピー機	máy sao chép マイー サオ チェッ(プ)
パソコン	máy tính マイー ティン
電卓	máy tính điện tử マイー ティン ディエッ トゥー
ハサミ	kéo ケーオ
カッター	dao cắt ザオ カアッ(ト)
ホッチキス	đồ bấm giấy ドー バ(ム) ザイー
のり	keo / hồ ケオ ホー
定規	thước đo トゥッ(ク) ドー
カレンダー	lịch リッ(ク)
手帳	(cuốn) sổ tay クオン ソォオ ターイ
ボールペン	bút bi ブッ(ト) ビー
鉛筆	bút chì ブッ(ト) チー
消しゴム	cục tẩy クッ(ク) タァイ
新聞	báo chí バァオ ブ
雑誌	tạp chí タッ(プ) チー

記事	**bài báo** バイ バオ
辞書	**từ điển** トゥー ディエン
配送、宅配	**gửi hàng** グゥイ ハァーン(グ)
早退	**rời sớm** （去る、早く）* ゾーイ ソー(ム)
遅刻	**đến muộn** （来る、遅く） デン ムオッ
休暇	**kỳ nghỉ** キィー ンギー
働きすぎ	**làm việc quá sức** ラァー(ム) ヴィエッ(ク) クアア スッ(ク)
給料	**mức lương** ムッ(ク) リュオン(グ)

❖ 「早退」は về sớm もよく使われる。
　　　　　　 ヴェー ソム

Unit
16 国、都市、観光名所

国名

CD 1-51

日本 **Nhật Bản** ニヤッ バアン	中国 **Trung Quốc** チュン クオッ(ク)	韓国 **Hàn Quốc** ハァン クオッ(ク)
タイ **Thái Lan** タァイ ラーン	カンボジア **Campuchia** カンプチア	ラオス **Lào** ラァーオ
インド **Ấn Độ** アン ドーッ	アメリカ【米】 **Mỹ** ミィィ	ロシア **Nga** ンガー
イギリス【英】 **Anh** アィン	フランス【仏】 **Pháp** ファッ(ブ)	ドイツ【独】 **Đức** デュッ(ク)
オランダ **Hà Lan** ハァ ラン	イタリア【伊】 **Ý** イィー	ポルトガル **Bồ Đào Nha** ボー ダーオ ニャー
スペイン **Tây Ban Nha** タイ バン ニャー	オーストラリア **Úc** ウッ(ク)	トルコ **Thổ Nhĩ Kỳ** トホォー ニィイ キィー

❖ 〜人というときは、người を国名の前につける。

---

1 文字と発音を学ぼう

2 基本単語を覚えよう

3 文法と会話

4 ビジネス

91

世界の主要都市

 CD 1-52

アジア	北京	Bắc Kinh	バッ(ク) キン
	上海	Thượng Hải	トゥン(グ) ハァイ
	台北	Đài Bắc	ダイ バッ(ク)
	シンガポール	Sing ga po	スィン ガー ポー
	クアラルンプール	Kua la lăm pơ	クアラ ラム ポー
	バンコク	Băng cốc	バン(グ) コッ(ク)
欧州	ロンドン	Luân Đôn	ルァン ドン
	ベルリン	Béc Linh	ベェッ(ク) リン
	ローマ	La Mã	ラー マァア
	モスクワ	Mát Xcơ Va	マッ(ト) スコー ヴァー
	マドリード	Ma Đrít	マー ドリット
	ワルシャワ	Vác Sa Va	ヴァッ(ク) サー ヴァ
北米	ワシントンDC	Oa Sin Tơn	オア スィン トン
	ニューヨーク	Nữu Ước	ヌウゥ ウウッ(ク)
	ロサンゼルス	Lốt An Giơ Lét	ロッ(ト) アン ズォー レッ(ト)
	オタワ	Ốt Ta Oa	オッ(ト) ター オアー

❖ 最近の若いベトナム人は都市名を英語表記する人も多い。
❖ アジアでは漢字由来の都市名以外はほぼ英語と同じ発音になる。

海の名前

太平洋	Thái Bình Dương
ピィン	ターイ ビィン ズォン(グ)
大西洋	Đại Tây Dương
	ダイッ タイ ズォン(グ)
南シナ海	Biển Đông
	ビエェン ドーン(グ)
インド洋	Ấn Độ Dương
	アン ドオッ ズォン(グ)

✤ 大きい海（ocean）は dương、比較的小さい海（sea）は biển。

大陸の名前

ユーラシア大陸	Lục địa Âu Á
	ルッ(ク) ディア オウ アー
北米大陸	Lục địa Bắc Mỹ
	ルッ(ク) ディア バッ(ク) ミイィ
アフリカ大陸	Lục địa Châu Phi
	ルッ(ク) ディア チョウ フィー
南極	Nam Cực
	ナー(ム) クッ(ク)

ベトナムの地名と名所

CD 1-54

①ハノイ　　　Hà Nội
　　　　　　　ハァー ノイッ

②ホーチミン　Hồ Chí Minh
　　　　　　　ホー チィー ミン

③フエ　　　　Huế
　　　　　　　フエー

④ダナン　　　Đà Nẵng
　　　　　　　ダァー ナング

⑤ハイフォン　Hải Phòng
　　　　　　　ハァイ フォーング

⑥カントー　　Cần Thơ
　　　　　　　コァン トォー

ハノイ

オペラハウス
Nhà hát Lớn
ニャー ハッ ロォン

クアンニン省

ハロン湾
Vịnh Hạ Long
ヴィン ハッ ローング

クアンナム省

ホイアン
Thành phố Hội An
タァイン フォー ホイッ アーン

ホーチミン市

クチトンネル
Địa đạo Củ Chi
ディアッ ダオ クゥウ チー

94

そのほかの名所

フエ市	Thành phố Huế
	ティン　フォー　フエー
ダナン市	Thành phố Đà Nẵng
	ティン　フォー　ダァー　ナン(グ)
フーコック島	Đảo Phú Quốc
	ダァオ　フゥー　クオッ(ク)
コンダオ島	Đảo Côn Đảo
	ダァオ　コン　ダァオ
ニャチャン市	Thành phố Nha Trang
	ティン　フォー　ニャー　チャン(グ)
メコン川	Sông Mê Kông
	ソン(グ)　メー　コン(グ)
メコンデルタ	Đồng bằng sông Cửu Long
	ドン(グ)　バン(グ)　ソン(グ)　クゥウ　ローン(グ)

❖ ĐBSCLと略すこともある。

Unit 17 動詞

動詞の種類

| 主語との関係性を示す動詞（＝be動詞） | là |
| 動作、状態を示す動詞 | 一般動詞 |

（→Unit 21 文法の基礎の基礎　参照）

最も便利な一般動詞

có　ある／いる／持つ

「物が存在する」「人がいる」の区別はありません。

■私には姉がいます。　Tôi có chị gái.
トーイ コー チッ ガァーイ

■彼はボールペンを持っている。　Anh ấy có bút bi.
アィン アイー コー ブッ(t) ビー

基本の一般動詞

日本語	ベトナム語	使用例
住む	sống ソーン(グ)	sống ở Tokyo ソーン(グ) オ トゥキョウ 東京に住む
食べる	ăn ァアン	ăn cơm ァアン コーム ごはんを食べる
行く	đi ディー	đi đến bệnh viện ディー デン ベッ ヴィエッ 病院へ行く
寝る	ngủ ングー	Em ngủ chưa? エム ングー チュア もう寝た？

遊ぶ	chơi チョイ	chơi gôn チョイ　ゴーン ゴルフをする
歩く	đi bộ ディー　ボッ	đi bộ đến công viên ディー ボッ デン コン(グ) ヴィエン 公園に歩いて行く
走る	chạy チャイツ	chạy nhanh チャイツ ニャィン 速く走る
楽しむ	vui ヴィ	vui với cuộc sống ヴィ ヴォイ クォッ(ク) ソーン(グ) 生活を楽しむ
見る (see)	xem セーム	xem phim セーム フィーム 映画を見る
見る (look at)	nhìn (thấy) ニンー　タハーイ	nhìn thấy con mèo ニン タハーイ コーン メーオ 猫を見る
読む	đọc ドッ(ク)	đọc sách ドッ(ク) サック 本を読む
聴く	nghe ンゲー	nghe âm nhạc ンゲー アム ニャッ(ク) 音楽を聴く
話す	nói ノォイー	nói chuyện ノォイー チュイエッ 会話をする
書く	viết ヴィエッ(ト)	viết thư ヴィエッ(ト) トゥフー 手紙を書く
勉強する	học ホッ(ク)	học tiếng Việt ホッ(ク) ティエン(グ) ヴィエッ(ト) ベトナム語を勉強する
帰る	về ヴェー	về nhà ヴェー ニャァー 家に帰る
会う	gặp ガッ(プ)	hẹn gặp lại ヘンッ ガッ(プ) ライッ 再び会う

✤ カッコ内は省いて言わないことがある。

1 文字と発音を学ぼう

2 基本単語を覚えよう

3 文法と会話

4 ビジネス

シーン別の動詞

オフィスにて

日本語	ベトナム語	使用例
働く	làm việc ラァーム ヴィエッ(ク)	Làm việc gì? ラァーム ヴィエッ ズィー どんな仕事？
休む	nghỉ việc ンギー ヴィエッ(ク)	nghỉ việc vì bị cảm lạnh ンギー ヴィエッ ヴィー ビッ カァム ライッ 風邪で休む
出張する	đi công tác ディー コン(グ) タッ(ク)	đi công tác nước ngoài ディー コン タッ ヌオッンゴアイ 海外出張に行く
交渉する	đàm phán ダァーム ファーン	đàm phán với anh ダァーム ファン ヴォーイ アィン あなたと交渉する
議論する	thảo luận タァオ ルアッ	thảo luận về giá タァオ ルアッ ヴェー ザー 価格について議論する
叱る	la mắng ラー マン(グ)	la mắng cấp dưới ラ マン カッ(プ) ズオーイ 部下を叱る
メールする	gửi e-mail グゥイ イーメォ	gửi e-mail cho sếp グゥイ イーメォ チョー セッ(プ) 上司にメールする
アポを取る	hẹn ヘッ	hẹn nhau đi ăn ヘッ ニャウ ディー アァン 会食のアポを取る
報告する	báo cáo バオ カーオ	báo cáo chi tiết バオ カオ チー ティエッ 詳細を報告する
相談する	tham khảo タハム カハァオ	tham khảo ý kiến タハム カハァオ イィー キエン 意見を求める
指導する	đào tạo ダオ タオッ	đào tạo nhân viên mới ダオ タオッ ニャン ヴィエン モーイ 新人を指導する

学校にて

日本語	ベトナム語	使用例
教える	dạy (bảo) ザィッ バァオ	dạy bảo tiếng Nhật ザィッ バァオ ティエン(グ) ニャッ(ト) 日本語を教える
学ぶ	học ホッ(ク)	học văn học ホッ(ク) ヴァアン ホッ 文学を学ぶ
試験を受ける	dự thi ズッ ティヒー	dự thi học kỳ ズッ ティヒー ホッ キィー 学期末試験を受ける
進歩する	tiến bộ ティエン ボッ	tiến bộ khoa học ティエン ボッ コホーア ホッ 科学が進歩する
忘れる	quên クエン	quên giờ クエン ズォー 時を忘れる
～したいと思う	(mong) muốn モン(グ) ムオン	muốn nghỉ ムオン ンギィイ 休みたい

❖ ベトナム人は短い表現を好むため、実際の会話ではカッコ内は言わないことが多い。

先生は男と女で呼び方が違う

ベトナム語で教員を意味する giáo viên は職業の区分としては使いますが、実際には女性なら cô giáo、男性なら thầy giáo を使うことが多いです。相手の性別、立場、身分を常に意識するベトナム文化の現れです。

Thầy giáo Suzuki　　鈴木先生（男）
タイ ザァオ

Cô giáo Linh　　　　リン先生（女）
コー ザァオー

1 文字と発音を学ぼう
2 基本単語を覚えよう
3 文法と会話
4 ビジネス

 買い物、レストランにて

日本語	ベトナム語	使用例
選ぶ	lựa chọn ルァ チョッ	lựa chọn giữa A và B ルァ チョッ ズゥア ヴァー AとBから選ぶ
買う	mua ムーア	mua sách ムーア サック 本を買う
運ぶ	mang マン(グ)	mang túi nặng マン(グ) トゥーイ ナァン(グ) 重いカバンを運ぶ
尋ねる	hỏi ホォォイ	hỏi một chút ホォォイ モッ(ト) チューッ(ト) ちょっと質問する
割り引く	giảm giá ザァ(ム) ザァー	Giảm giá được không? ザァ(ム) ザァー ドゥオッ コホーン 割引できる？
計算する	tính ティン	Tính tiền. ティン ティエン お会計して。
予約する	đặt ダッ	đặt bàn ダッ バァーン 席を予約する
飲む	uống ウォン(グ)	uống bia ウォン(グ) ビア ビールを飲む
混ぜる	pha trộn ファー チョッ	pha trộn nước sốt ファー チョッ ヌオック ソッ(ト) ソースを混ぜる
終える	xong ソーン(グ)	ăn xong rồi アァン ソーン(グ) ゾォーイ 食べ終わった
持ち帰る	mang về マン(グ) ヴェー	ở đây hay mang về オォ ダーイ ハーイ マン(グ) ヴェー イートインか持ち帰りか

100

「忖度しないベトナム人」

　ベトナム語がなぜこれほどまでに外国人にとって難解な言語なのか。筆者はベトナム語それ自体ではなく、ベトナム人に問題があるように思えてなりません。確かに6つの声調、11の母音、異様に多い〝ほぼ同音異義語〟など言語として簡単ではありませんが、慣れれば書くこと、読むことにはさほど苦労は覚えません。大変なのは会話です。

　「あーっ？」。日本だったら失礼極まりないこのような聞き返しをベトナム人はよくします。悪気があるわけではなく、ベトナム人は発音依存度が極めて高いので、少しでも分からないと聞き返すのです。日本語で「ご飯をはしで食べる」と外国人が変な発音で言ったとしても、「eat on the bridge」と思う人はまずいませんよね。日本人は文脈を読む力があり、「こういうことを言いたいのだろうな」と忖度するからです。ベトナム人は文脈を全く読んでくれないので、発音がおかしくて文章がおかしくなると、思考をストップさせてしまうのです。

　加えて、「あ、外国人が一生懸命努力してベトナム語を話してくれているのだな」なんて考えてくれません。ベトナム語で話しかけても、答えの多くは英語や日本語。「聞きにくいベトナム語より、通じやすい英語でいいや」という現実主義的な考えがあるからです。

　本書を手に取った人たちの多くはベトナム語の習得を目指していると思います。きっと、この壁にぶち当たります。でも諦めないでください。ベトナム語で何かを伝えよう、という強い気持ちを持っていれば、時間がかかってもいずれ伝わります。

Unit 18 形容詞

気候

寒い	涼しい	暖かい	暑い
lạnh	mát	ấm áp	nóng
ラインッ	マッ(ト)	アム アッ(プ)	ノン(グ)

※前か後ろに「quá」【過】」を付けると、「すごく」の意味に

時間

遅い	ゆっくり <動作・性質>	慌ただしい <動作・性質>	早い
muộn	chậm (chạp)	vội (vàng)	sớm
ムォン	チャッ (チャップ)	ヴォイッ (ヴァング)	スォー(ム)

※ベトナム人は短い表現を好むので、カッコ内は言わないことが多い

形容詞の使い方の大原則

主語 ＋ 形容詞 ←be動詞に当たる là は入れない

アオザイ　その　美しい
Áo dài đó đẹp.　　そのアオザイは美しい。
アオ　ザーイ　ドー　デッ(プ)　　※dài は「長い」の意味。ロングドレスのこと。

名詞 ＋形容詞 ←後ろから名詞を形容する

朝　　早い
sáng sớm　　早朝
サン(グ)　スォー(ム)

自動車　赤い　新しい
xe màu đỏ mới　　新しい赤い車
セー　マーウ　ドゥオ　モォイ

（→Unit 21 文法の基礎の基礎　参照）

状態

良い － 悪い	簡単な － 難しい
tốt　　xấu	dễ　　khó (khăn)
トッ(ト)　サオウー	ゼエェ　コホー カハァアン

大きい － 小さい	重い － 軽い
lớn　　(nhỏ) bé	nặng　　nhẹ
ロォン　ニョオゥ ベェー	ナンッ　ニェッ

長い － 短い	広い － 狭い
dài　　ngắn	rộng　　(chật) hẹp
ザァーイ　ンガーン	ゾッ(グ)　チャッ(プ) ヘッ(プ)

❖ dài は「ザァーイ」　ngắn は始まりの鼻濁音が重要
❖ dày は「ザイー」

厚い － 薄い	遠い － 近い
dày　　mỏng	xa　　gần
ザイー　モォン(グ)	サー　ガーン

新しい － 古い	多い － 少ない
mới　　cũ	nhiều　　ít
モイー　クゥゥ	ニィェウー　イッ(ト)

硬い － 軟らかい	丸い － 四角い
cứng　　mềm (mại)	tròn　　vuông
クン(グ)　メ(ム) マイッ	チョーン　ヴォン(グ)

❖ trong（～の中に）と違い、最後に口を閉じる

外見

太っている	痩せている	背が高い	背が低い
北 béo ベオ (南 mập マッ(プ))	北 gầy ガイ (南 ốm オー(ム))	cao カーオ	thấp タハップ

老けている	若い	髪が長い	髪が短い
già ザー	trẻ チェエ	tóc dài トッ(ク) ザーイ	tóc ngắn トッ(ク) ンガン

かわいらしい（子供・動物）	格好いい（男性）	美しい（女性）	眼鏡をかけた
đáng yêu ダン(グ) イェウ	đẹp trai デッ(プ) チャイ	(xinh) đẹp スィン デッ(プ)	đeo kính デオ キン

よく使う言い回し

■幼児／青年　　trẻ em ／ tuổi trẻ
　　　　　　　　チェエ エ(ム)　トゥオイ チェエ

「青年、若者」は thanh niên（タイン ニェン）とも言う。

■太るのが怖い　　sợ béo (怖い)
　　　　　　　　ソッ ベオ

■お兄さん超格好いい。　Anh đẹp trai quá. (格好いい)
　　　　　　　　　　　アィン デッ チャイ クワア

感情

悲しい	寂しい、孤独だ	気持ちいい
buồn ブオン	cô đơn コー ドン	dễ chịu ゼエェ チウッ

幸せだ	うれしい	気分が悪い
hạnh phúc ハィン フッ(ク)	vui (vẻ) ヴイ ヴェエ	cảm thấy khó chịu カアム ターイ コホー チウ

感覚

痛い	忙しい	疲れる
đau	bận（rộn）	mệt（mỏi）
ダウ	バッ ゾッ	メッ(ト) モォオイ

眠い	健康である	病気である
buồn ngủ	khỏe（mạnh）	bị bệnh / bị ốm
ブォン ングー	コエェ マイッ	ビッ バイッ / ビッ オー(ム)

おなかが空いた	満腹だ	のどが乾いた
đói bụng	no bụng	khát nước
ドイー ブッン(グ)	ノー ブッン(グ)	カハッ(ト) ヌォッ(ク)

色

「～色」というときは、色を表す単語の前に類別詞「màu」が付く。

赤	青	黄	ピンク	オレンジ
đỏ	xanh	vàng	hồng	cam
ドォォ	サイン	ヴァン(グ)	ホーン(グ)	カー(ム)

白	黒	緑	紫	茶色
trắng	đen	xanh（lục）	tím	nâu
チャン(グ)	デーン	サイン ルッ(ク)	ティ(ム)	ノウ

※ベトナム人は青と緑を区別せず、どちらも「xanh」と言うことが多い

105

Unit 19 単語おもしろ記憶術

芋づる式漢字連想術

「ベトナム語は難しくて覚えられない」と思っていませんか？

実はベトナム語の60〜70％は漢越語（từ Hán Việt、漢語からの借用語）で、日本語と似たような発音が多いのです。

　　　　　　Cảm ơn.　【感恩】　ありがとう。
　　　　　　カァアム オン

　　　　　　Hà Nội　【河内】　ハノイ
　　　　　　ハァー ノイッ

　　　　　　đồng ý　【同意】　同意する
　　　　　　ドン（グ） イィー

便利なことに、それぞれの漢字（の音読み）には一つのベトナム語が対応しています。ですから、覚えた漢越語をフックにして、語彙を増やしていけばよいのです。予＋報（dự báo）のように組み合わせて覚えていくとよいでしょう。

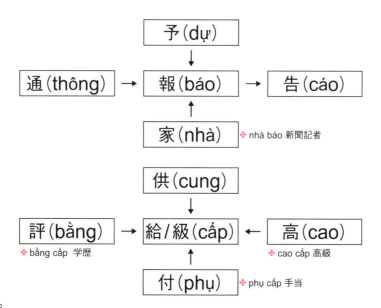

❖ 「界限」で「限界」。ベトナム語は日本語と順番が逆になることも

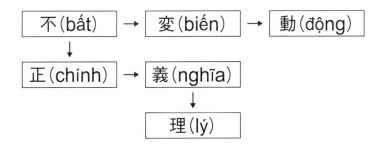

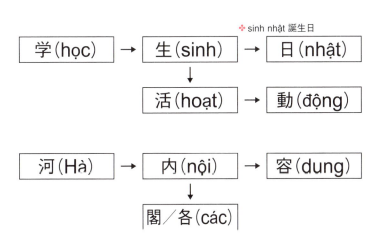

❖ doanh nghiệp ビジネス、企業

❖ sinh nhật 誕生日

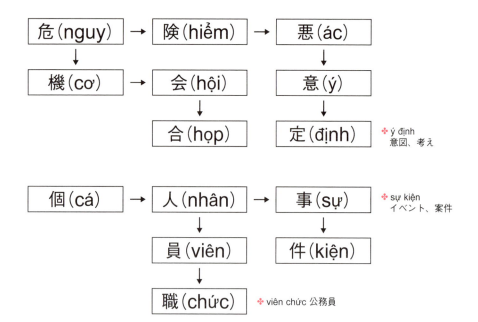

日本語同音記憶術

chú ý	注意する	vũ khí	武器
cố ý	故意に	ác ý	悪意、悪質
ý kiến	意見	không khí	空気
cũ	旧（古い）	kết hôn	結婚
yêu cầu	要求する	phát âm	発音
thiết bị	設備	cải cách	改革する
thống kê	統計	chế tạo	製造する

空耳記憶術

「誰が言ったか知らないが、言われてみれば確かに聞こえる……」。有名タレントの深夜の人気番組で有名な「空耳アワー」。ベトナム語にも奇跡のように日本語に聞こえる単語が多数あります。その偶然を生かして記憶に焼き付けましょう。

ベトナム語	意味	空耳（どう聞こえるか）
đáng lẽ	〜すればいいのに	ダンレイ（檀れい）
khách sạn	ホテル	カクサン（格さん）
cẩn thận	注意する	カンタン（簡単）
nhờ	〜のおかげで	ニョウ（尿）
hình như	〜のようだ	ヒンニュウ（貧乳）
khí hậu	気候	ヒホウ（秘宝）
trả lại	返却する	チャライ（ちゃらい）
công bằng	公平	コンバン（今晩）
bỏ qua	見過ごす	ボクハ〜（僕は〜）
so sánh	比べる	ソウサイ（総裁）
có hay không	あるか否か	コウハイコン（後輩来ん）

※筆者が過去に「空耳アワー」で獲得した賞品

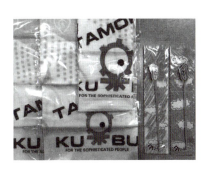

不平等な共産主義国家

　ベトナムは正式名称が「ベトナム社会主義共和国」で、共産主義を理想とする共産党の一党独裁です。1986年の党大会で提唱され、1990年代から本格化したドイモイ（đổi mới＝刷新）政策で外資の導入が進み、事実上は資本主義国家と同じになりました。ただし、理想とするところは「万人の平等」であり、現在のベトナムはその理想とかけ離れた不平等な社会となっています。

　ベトナムの地元紙によると、2017年時点でベトナムでは5人のビリオネア（保有資産10億ドル以上の富豪）がいます。不動産最大手のビングループのファム・ニャット・ブオン会長、格安航空会社（LCC）最大手ベト・ジェットエアのグエン・ティ・フオン・タオ会長など不動産、新ビジネスで財をなした人たちです。その一方で、国民の6割を占めるとされる農民の生活は厳しく、都市部の月額最低賃金（398万ドン≒2万円）の半分以下で生活している人も少なくありません。国内総生産（GDP）の7割を占める個人消費は順調に伸びていますが、そのけん引役は中間所得層以上であり、農民たちの生活は一向に改善していないように見えます。

　もともとベトナム人は助け合いの精神が強い人たちです。身内、隣近所で助け合うのはもちろんのこと、路上で無料のバインミーや水を配る篤志家も多いです。1960年代、70年代の日本もそうでしたが、いまのベトナムは自分が豊かになることに目いっぱいで、他の人が見えていません。本来持っているベトナム人の優しさが不平等な社会を変えてくれることを期待しています。

第 3 章

文法と会話

本章では文や会話表現を学びます。
英語や日本語との違いを
まず大まかに理解しましょう。
実践会話はすぐに使える表現が
たくさんありますのでぜひ使ってみましょう。

Unit 20 あいさつ

基本のあいさつ

年上男性 年上女性 年下の人
Chào anh (chị, em など). （こんにちは/さようなら）
チャオ　アィン　チッ　エム

★ 1日のどの時間帯でも使えます。お店を除き、Xin chào. はあまり使いません。必ず相手を指す人称代名詞（p.128参照）を付け加えましょう。グレーの部分が「あなた」を表す人称代名詞です。人称代名詞は性別のほか、年上かどうかによっても変わります。年下は男女ともemになります。
　「おはようございます」というときは午前中という意味のbuổi sáng を付け加えて、Chào buổi sáng. ということもあります。
サン　　　　　　　　　　　　　　　　　　　　　　　　　　　　　　　チャオ ブォイ

初対面のあいさつ

私　〜です
Tên tôi là Tanaka. （私の名前は田中です）
テン トーイ ラァー タナカ

〔Tôi tên là でもOK。〕

女性
Tên chị là gì? （あなたのお名前は何ですか）
テン チッ ラァー ズィー

Tôi rất vui được gặp bạn. （会えて嬉しいです）
トーイ ザッ ヴーイ ドゥオッ ガッ(プ) バッ

ふだんのあいさつ

男性
Anh có khỏe không? （お元気ですか）
アィン コォー コホェエ コホン

〔話し相手が男性か女性か年下かなどによって同じ「あなた」でも代名詞が変わります。〕

★ 英語のHow are you? と同じです。

—Có, tôi khỏe. / Không, tôi không khỏe.
コー トーイ コホェエ　コホーン トーイ コホン コホェエ

（はい、元気です/いいえ、元気ではないです）

112

久しぶりのとき

Đã bao lâu rồi không gặp. 　（お久しぶりですね）
ダアァ　バオ　ロウ　ゾーイ　コゥン　ガッ

★ không gặp が「会っていない」で「長い間会っていませんね」の意味。

Anh sống thế nào?　（お元気でしたか？）
アィン　ソン　テヘー　ナァーオ

★ 直訳では「あなたはどうやって生きていましたか？」

別れ際に

★ ( ) 内は省略可能。色下線は2語でひとまとまりの単語。

Chúc (anh) may mắn.　（ごきげんよう／グッドラック）
チュック　アィン　マーイ　マン

Chúc ngủ ngon.　（お休みなさい）
チュック　ングゥ　ンゴーン

★ 直訳では「おいしい眠りを祈ります」。

Hẹn gặp lại (chị).　（また会いましょう）
ヘン　ガッ　ライ　チッ

★ 短い別れ。「あしたね」みたいな感じ。

Tạm biệt.　（さようなら）
タッ　ビエッ

★ 長い別れ。もう会う可能性が低いときに使う。日常会話ではあまり使わない。

Chúc một kỳ nghỉ vui vẻ.　（楽しい休日を）
　　　　　　休暇　　　楽しい
チュック　モッ　キィー　ンギィイ　ヴーィ　ヴェエ

お礼・お詫びを言う

Xin cảm ơn.　（ありがとうございます）
スィン　カァ(ム)　オォン

113

Cảm ơn ông rất nhiều. （おじいさん、どうもありがとうございます）
カァ(ム) オン オング ザッ ニエゥ
（おじいさん とても）

Xin lỗi. （すみません/ごめんなさい）
スィン ロォオイ

Không có gì cả. （どういたしまして）
コホン コォー ズィー カァー

★「まったく問題ありません」という意味。

そのほかのあいさつや声掛け

Xin hỏi. （失礼します/ちょっといいですか）
スィン ホォオイ

Có chuyện gì vậy? （どうかした/大丈夫？）
コォー チュィエン ズィー ヴァイッ

Hãy giữ gìn sức khỏe. （お体をお大事にね）
ハァァイ ズィウゥ ズィン スック コホェー

Tất nhiên rồi. （もちろんですよ）
タッ ニエン ゾーィ

Ăn cơm chưa? （飯食った？）
ァアン コ(ム) チューア

★ ベトナム人はこの言葉を挨拶代わりに使います。実際に食べたかどうかが問題ではなく、「ちゃんとごはん食べろよ」という相手への配慮を示す言葉で、「こんにちは」に近いです。

Anh có vội gì không? （お忙しいですか）
アィン コォー ヴォッ ズィー コホン

★ 人を誘うときに使います。

お祝いの表現

Chúc mừng năm mới (chị). （あけましておめでとう）
新しい　年
チュッ　　ムン　　ナァ(ム)　モイ　　チッ

★「おめでとう」というとき、Chúc mừng. を使います。ベトナムは「テト」と呼ぶ旧正月（1月下旬～2月）を祝いますが、西暦の正月にもこの言葉をよく言います。なるべく人称代名詞を最後に入れましょう。親近感がぐっと増します。

Chúc mừng sinh nhật (anh). （お誕生日おめでとう）
誕生日
チュッ　　ムン　　スィン　ニャッ　アィン

Chúc sức khỏe. （＜健康を祝って＞乾杯！）
チュッ　スッ　コフェエ

★ Một hai ba Yo!（1、2、3、ヨー）もよく言います。

Unit 21 文法の基礎の基礎

世界で最も難しいとも言われるベトナム語ですが、<u>文法はとってもシンプルです</u>。フレーズの学習をする前に、語順などの原則を知っておきましょう。

ベトナム語文法、3つの大原則

① 語形変化がない
② 基本的な語順が英語と同じ （助詞もない）
③ 後ろから修飾する（重要なものを最初に言う）

文の形と語順

英語にbe動詞の文（〜である）と一般動詞の文（〜する）の2種類があるように、ベトナム語には、be動詞にあたる<u>là文</u>と<u>一般動詞/形容詞の文</u>があります。<u>基本的な語順は英語と同じ</u>で、主語の単数複数や、人称、時制による語形変化はありません。

1 là 文

※ S＝主語　アンダーラインは一つの単語です。

là は英語の be 動詞と同じように「＝であること」を表します。疑問文や否定文も語順を変えずに、専用の語句を加えます。

肯定文	S	là	X.	（S は X である）
否定文	S	không phải là	X.	（S は X でない）
疑問文	S	có phải là	X không?	（S は X ですか？）

肯定文
Tôi là Tomiyama.　（私はトミヤマです）
トーイ ラァー トミヤマ
私

Tôi là người Nhật.　（私は日本人です）
トーイ ラァー ングォーイ ニャッ
私　　　人　　　日本

116

否定文 Tôi không phải là sinh viên.　（私は大学生ではない）
　　　　トーイ　コホン　ファイ　ラァー　スィン　ヴィエン

疑問文 Anh có phải là người Việt không?
　　　　アィン　コォー　ファアイ　ラー　ングォーイ　ヴィエッ　コホン
（あなたはベトナム人ですか）

　　　Không, tôi là người Nhật.　（いいえ、私は日本人です）
　　　コホン　トーイ　ラァーングォーイ　ニャッ

2　一般動詞・形容詞の文　※S＝主語、V＝動詞、A＝形容詞　O＝目的語

　主語の後に動詞あるいは形容詞を続けます。英語のように形容詞の前にbe動詞は必要ありません。

肯定文　S　V.　　　　　　　　　　（Sは～する / ～だ）
　　　　　S　A.　　　　　　　　　　（Sは～だ）
　　　　　S　V　　O.　　　　　　　 （SはOを～する）
否定文　S　không　V または A.　（Sは～しない、～でない）
疑問文　S　(có)　V または A không?　（SはVまたはAですか？）

肯定文　Tôi đi.　　　　　　　（私は行きます）
　　　　　トーイ　ディー

　　　　　Tôi ăn bánh mì.　　 （私はパンを食べる）
　　　　　トーイ　ァアン　バイン　ミィー

　　　　　Cơm ngon.　　　　　（お米はおいしい）
　　　　　コ(ム)　ンゴーン

否定文　Tôi không đói.　　　（私はお腹がすいていない）
　　　　　トーイ　コホン　ドォーイ

疑問文　Anh có đói không?　（お腹がすいていますか）
　　　　　アィン　コォー　ドォーイ　コホン

117

— (Ừ), anh đói.　（はい、すいています）
　ウー、　アイン ドォーイ

— Không, anh không đói.　（いいえ、すいていません）
　コホン、　アイン　コホン　ドォーイ

年上女性　　食べる
Chị có ăn tôm không?　（エビを食べますか）
チッ コォー ァアン トーム　コホン

⭐ ベトナム語の人称代名詞は年齢や目上の人かどうかで決まります（p. 126参照）

時や場所の加え方

　基本的なルールは英語と同じです。強調する場合などに、前に置くこともあります。

S	V	O	場所	時
私は	食べる	夕食を	レストランで	土曜日には
Tôi	ăn	bữa tối	ở nhà hàng	vào thứ bảy.
トーイ	ァアン	ブア トォイー	オオ ニャー ハァーン	ヴァオ トゥフー バァイー

　　　　　　　7月5日に　　　　　　　私は　　ゴルフする　　　ダナンで
Vào ngày mồng 5 tháng 7, tôi chơi gôn ở Đà Nẵng.
ヴァオ　ンガイー　モーン　ナァム タハーン バイー、トーイ チョーイ ゴン　オオ　ダァー ナアァン

疑問詞を使った疑問文

　肯定文の文頭または文末に疑問詞を付けます。（→詳しい解説はUnit 25参照）

年下　　欲しい　　何
Em muốn gì?　　（あなたは何が欲しいの？）
エム　ムォーン　ズィ

　いつ　　あなた（女性）
Khi nào chị đi?　　（いつあなたは行くの？）
キヒィ ナオ　　チ ディー

修飾語の位置

形容詞も副詞も基本的に<u>後ろから前の単語を修飾</u>します。

花　　美しい
hoa đẹp　　（美しい花）
ホア　　デッ(プ)

フォー　おいしい
phở ngon　　（おいしいフォー）
ファオゥオ ンゴーン

走る　　早く
Anh chạy nhanh.　　（あなたは早く走る）
アィン　チャイッ　　ンニャィン

美しい　すごく
đẹp quá　　（とても美しい）
デッ(プ)　クワァー

> quá が前にあると否定的な意味が
> 強くなり、後ろだと肯定的になる
> ※ どちらでも通じます

〜すぎる　多い
quá nhiều　　（多すぎる）
クワァー ンニィェゥ

---

1 文字と発音を学ぼう

2 基本単語を覚えよう

3 文法と会話

4 ビジネス

間違いだらけのベトナム語の答え方

どの語学でも必ず、「はい」「いいえ」は教えますよね。でも、言葉は文化ですから答え方も国によって違うんです。簡略化して分かりやすくするためだと思いますが、yes/noに対応した言葉をそのまま教える教科書も多いように感じます。しかし、実際の場面ではほとんどYes/Noでは答えないのです。

Yes=Vâng　No=Không

言葉だけの直訳、しかも一定の条件（自分が年下・目下で相手が年上・偉い人の場合）、一定の文脈では正しいですが、特にVângを「はい」としてつねに使うのは適切ではありません。この誤った常識のおかげで、多くの日本人がゴルフ場やレストランで恥ずかしくもなく、"Vâng."と言っています。

Vângは上司・年上の人からの指示・命令に対する確認を意味する言葉であり、部下・年下からのYesかNoかの質問に対する答えとしては極めておかしいのです。Vângは「かしこまりました」の意味が強いのです。

ベトナム語の答え方は基本的に4種類
① 「はい、いいえ」の質問に対して đúng (rồi)（その通り）、không（違う）
② 「ある、ない」の質問に対して có（ある）、không có（ない）
③ 動作の完了・経験の質問に対して rồi（完了・経験）、chưa（未完了・未経験）
④ 動作、状態の質問に対して、VまたはA（そうである）、không VまたはA（そうでない）
　　　　　　　　　　　　　　　　　　　　　　　※Vは動詞、Aは形容詞

つまり、ベトナム語は「はい」「いいえ」に重点を置かず、動作・状態自体に重点を置くわけです。「本は面白いですか？」と聞かれたら英語は「yes」、日本語も「はい」と答えるでしょう。でもベトナム語では「面白いです」と答えるのです。

【英語】Is this book interesting? Yes, it is.
【日本語】この本は面白いですか？　はい。
【ベトナム語】Cuốn sách này có thú vị không? Có thú vị. 面白いですね。
　　　★Có は肯定を強調している

Unit 22 指示代名詞、類別詞

指示代名詞

この〜	その〜	あの〜	どの〜
〜 này ナイー	〜 đó ドォー	〜 kia キーア	〜 nào ナーオ

「この本」というときは、sách nàyと、〜のところに名詞を入れます。名詞を入れず、「ここ」「それ」というときの指示代名詞も覚えましょう。

★「ここに」「どこに」などの場合は前に「ở」を付ける。

	ここ	そこ	あそこ	どこ
場所	này chỗ này チョー ナイー	đó chỗ đó チョー ドォー	kia chỗ kia チョー キーア	đâu ダウ
	この時	その時	あの時	いつ
時	lúc này ルッ ナイー	lúc đó ルッ ドォー	lúc kia ルッ キーア	lúc nào ルッ ナーオ
	これ	それ	あれ	どれ
物 (形があるもの)	cái này カーイ ナイー	cái đó カーイ ドォー nó※ ノォー	cái kia カーイ キーア	cái nào カーイ ナーオ
	これ	それ	あれ	どれ
事象 (形がないもの)	điều này ディウ ナイー	điều đó ディウ ドォー nó※ ノォー	điều kia ディウ キーア	điều nào ディウ ナーオ
	この人	その人	あの人	どの人
人	người này ングーイ ナイー	người đó ングーイ ドォー	người kia ングーイ キーア	người nào ングーイ ナーオ

★「nó」は便利な言葉なのですが、人間に使うと「あいつ」「てめぇ」みたいな悪い印象の言葉になるので注意してください。

（人称代名詞については、Unit 23 で詳しく説明します）

> 類別詞って？

cái này（このもの）のcáiのようにその単語がどんな種類なのかを示す言葉です。ものを数えるときなどに使います。ベトナム語は同音もしくは似た音の単語が非常に多いので、類別詞を組み合わせることで理解が容易になります。

日本語で言えば「冊」が本、「匹」が小動物、「膳」がおはしを示す類別詞です。代表的な類別詞にcáiとconがあります。（【　】内は漢越語です）

cái　　【個】　物体、生きていないもの

★ 基本的には形があるものに使うが、文脈によっては事象にも使う。

con　　【昆】　生物

数詞 ＋ 類別詞 ＋ 名詞

một cái bút　　（ペン1本）
モッ　カーイ　ブッ

hai con mèo　　（猫2匹）
ハーイ　コーン　メオ

ba cái này　　（これ3つ）
バー　カーイ　ナイー

ポイント！

・動物はほぼconを付けると思ってください。例えば人物としての人の場合はngườiだけですが、生き物としての人はcon ngườiになります。
・cáiはすべての名詞に付けるわけではないです。một bút（ペン1本）でも十分通じます。短めの単語は付けたほうが分かってもらいやすいと思います。

その他の類別詞

【 】内は漢越語です。

chiếc 【隻】　飛行機、船、車、時計
チィエック
　　　　　　　3隻の船　ba chiếc thuyền
　　　　　　　　　　　バー チィエット トゥフイエン

quyển 【巻】　本、辞書、冊子状の物
クエン
　　　　　　　2冊の本　hai quyển sách
　　　　　　　　　　　ハーイ クイェン サック

bức 【幅】　手紙、絵など四角く平たい物
ブッ
　　　　　　　長い手紙　bức thư dài
　　　　　　　　　　　ブットゥフー ザァイ

quả 【果】　果物、卵
クワァ
　　　　　　　卵1個　một quả trứng
　　　　　　　　　　モッ クワァ チュン

tờ 【詞】　書類、新聞など紙類
トゥー
　　　　　　　アメリカの新聞　Tờ báo Mỹ
　　　　　　　　　　　　　トォー バーオ ミィィ

cây 【漢越語なし】　柱、ろうそくなど棒状の物
カイー
　　　　　　　2本のペン　hai cây bút
　　　　　　　　　　　ハーイ カイー ブッ

lá 【羅】　葉っぱ、お守りなど
ラァー
　　　　　　　葉っぱ1枚　một chiếc lá
　　　　　　　　　　　　モッ チエッ ラァー

ポイント！

・類別詞はたくさんあり、混乱してしまいますが、<u>基本的には生物ならcon、無生物ならcáiだけ覚えておけば十分</u>です。日本語でも「本1個」「おはし1個」でも通じますよね。

・類別詞は対象物が特定（視認）できた場合に使うものであり、特定できていない一般的なものには使いません。

　本を読む→ đọc sách（đọc cái sáchとならない）
　　　　　　ドッ　サック

　搭乗する→ lên máy bay（lên cái máy bayとならない）
　　　　　　レン マイー バイ

1 文字と発音を学ぼう
2 基本単語を覚えよう
3 文法と会話
4 ビジネス

123

複数形の類別詞

複数形は名詞の前に類別詞nhữngを入れることで、二つ以上あることを示すことができます。

những con mèo　（猫たち）
　ニュン　　コーン　メェオ

những người kia　（あの人たち）
　ニュン　　ングォイ　キーア

✤ 「しかし」を表すnhưngと発音がそっくりなので、よく間違えてしまいます。ベトナム人でさえも、勘違いすることがあるので、会話で「しかし」と言うときは"nhưng mà"とmàを追加してあげるのです。

　同じ事がいろいろな意味を持つ単語để（置く、させる、保つ、～のために）でもあり、前置詞の意味（～のために）のときはđể màと言って区別します。

　同一の単語、もしくは似た発音の単語にいろいろな意味があるベトナム語ならではの工夫と言えるでしょう。

「誰々のもの」の言い方

英語と同じ言い方（ものof人）で、「もの＋của＋人」で表現します。

quyển sách của anh Hưng　　（フンさんの本）
　クイェン　サック　クゥア　アィン　　フン

ô tô của chị Hương　　（フオンさんの車）
　オー　トー　クゥア　チッ　　　フオン

練習問題

単語を並べ替えて、指示代名詞の文を作ってみましょう。（類別詞にも注意しましょう）

（1）そこで待っていてください。

vui, đợi, ở, đó, lòng

_____

（2）あの人は私の兄のタカヒロです。

kia, Takahiro, người, trai, anh, là, tôi, tên

_____

（3）リンゴを5つ買います。

mua, tôi, năm, quả, táo

_____

（4）犬が3匹、ここにいます。

con, đây, ba, chó, ở

_____

（5）それはあなたのカバンですか？

là, của, không, túi, em, phải, có, đó, cái

_____

1 文字と発音を学ぼう

2 基本単語を覚えよう

3 文法と会話

4 ビジネス

答え

（1）Vui lòng đợi ở đó.
（2）Người kia là anh trai tôi tên Takahiro.
（3）Tôi mua năm quả táo.
（4）Ba con chó ở đây.
（5）Cái túi đó có phải là của em không?

Unit 23 人称代名詞

ベトナム語では人称代名詞がめちゃくちゃ複雑です。それは身内、年上、上司など人間関係をベトナム人が重視する証しなのです。ただ、一般的に使うものはそんなに多くありません。ベトナム語の教科書は難しく書いているものが目立ちますが、考え方を理解すればそれほど労力をさかなくても大丈夫です。

万能の一人称 …相手が誰でも使える

私	私たち（相手含まず）	私たち（相手含む）
tôi トーイ	chúng tôi チュン(グ) トーイ	chúng ta チュン(グ) ター

★ ビジネス、公式な場ではこれらの言葉を使いましょう。

二人称（一人称としても使う） …相手との関係によって変わる

イメージ	男性（単数）	女性（単数）
祖父、祖母/その世代の人	ông オン(グ)	bà バアー
親と同世代か少し上	bác (trai) バアッ(ク) チャイ	bác (gái) バアッ(ク) ガイ
親より少し下	chú チュー	cô コー
兄、姉/同世代の男性、女性/会社の同僚	anh アィン	chị チッ
同い年 友達（名前で呼ぶことも多い）	bạn バッ	
弟、妹/年下の男女	em エ(ム)	
子供、孫	con（自分の子供だけ）, cháu（自分の孫 or 幼児） コーン　　　　　　　　　チャウ	

★ 実際によく使うのは色マーカーの部分だけです。

自分と相手の年齢から見た関係性がどれに当たるのか、で人称代名詞は一人称にも、二人称にもなるのです。これはベトナム人が相手との関係性を常に意識しながら生きているからなのです。

三人称は後ろに付け加えるだけ

三人称は簡単です。みなさんが覚えてくれた二人称の人称代名詞の後ろに以下の言葉を付け加えてください。

ấy　丁寧な言い方。相手が誰か分かっている場合
アイー　anh ấy (=he)　　chị ấy (=she)　　em ấy (=he or she)

ta　下品。「他」という意味で、相手の正体が不明か疎遠な場合
ター　anh ta (=guy)　　chị ta (=woman)　　họ (=boys or girls)

★ 文脈とどういうニュアンスで使いたいのかを考えて使い分けてください。

二人称・三人称の複数形

二人称・三人称単数の人称代名詞の前にcác【各】をつけます。

あなたたち（年下男性・女性とも）	các em
彼ら	các anh ấy / các em ấy / họ
彼女たち	các chị ấy / các em ấy / họ

一人称にも二人称にもなる、とは？

日本語、英語は一人称は基本、私（I）、二人称はあなた（you）で済みますが、ベトナム語は相手によって同じ人称代名詞が一人称にも、二人称にもなるのです。　日本語でも「お父さん」「お母さん」「お兄ちゃん」など年上を表す人称代名詞が一人称にも二人称にもなりますが、「子供」「妹」など年下を表す人称代名詞はごくまれな場合（「妹よ」など）を除き、なりませんよね？

ベトナム語は全ての人称代名詞が一人称にも二人称にもなることで、相手との人間関係を強く印象づけるのです。これはベトナムの文化なのです。

＜日本語＞
「お父さん、ごはん食べた？」　←　お父さんは二人称
「お姉ちゃんが先にお風呂入るからね」　←　お姉ちゃんは一人称

＜ベトナム語＞

Con ăn cơm chưa?
コーン ァアン コ(ム) チューア
子供、ごはん食べた？　←　**子供は二人称**

Em muốn uống gì?
エ(ム) ムオン ウオン ズィー
君は何飲む？　←　**em は二人称**

Em muốn nước cam.
エ(ム) ムオン ヌオッ カー(ム)
オレンジジュースがいい。　←　**em は一人称**

例)

1. 自分が45歳男性で、相手が35歳女性の場合＝妹くらいなので
   自分（一人称）→ anh　　　相手（二人称）→ em

2. 自分が25歳女性で、相手が70歳男性の場合＝祖父くらいなので
   自分（一人称）→ em, cháu　　相手（二人称）→ ông

3. 自分が35歳男性で、相手が60歳女性のとき＝親より少し年下なので
   自分（一人称）→ em　　　　相手（二人称）→ cô

ビジネスの場面では年齢関係なし

　ビジネスの場面では年齢に関係なく、相手を年上として扱ってください。つまり、anh と chị です。自分のことは万能の一人称 tôi で呼んでください。上司のことは、sếp と言うことが多いです。

ポイント！

　明らかな年下でも年上として敬うことで、相手への敬意を強く印象づけられます。em と呼んでしまうと、日本語で「きみ」とか「あんた」とか言うような印象を相手に与えてしまいかねません。

ベトナム語の所有格

基本は代名詞を名詞のあとに置くだけです。丁寧に言う場合、所有を強く印象づけたい場合はofを示すcủaを使う。

bạn tôi 私の友達
バッ トーイ

chồng tôi 私の夫
チョーング トーイ

nhà tôi 私の家
ニャー トーイ

cuốn（または**quyển**）**sách của tôi** 私の本
クオン　　　　クイエン　　サック　クゥア　トーイ

ô tô của chị ấy 彼女の車
オー トー クゥア チッ アイー

例文

ベトナムでも「-san」ということはよくあります。

Em là Tanaka-san phải không? （あなたは田中さんですね）
エ(ム)　ラァー タナカサン　　ファアイ　コホン

Anh ấy là bạn tôi. （彼は私の友達です）
アィン アーイ ラァー バッ トーイ

Em ấy là đồng nghiệp tôi. （彼女＜年下＞は私の同僚です）
エ(ム)　アァイ ラァー ドン　　ンギェッ(プ)　トーイ

Chúng tôi làm việc tại ĐSQ NB.
チュン　トーイ ラァー(ム) ヴィエッ タイッ ダイ スー クアン ニャッバン
（私たち＜相手含まず＞は日本大使館で働いています）

★ ĐSQ NB= Đại sứ quán Nhật Bản　こういう略語はよく出てきます。

練習問題

　以下のケースで使用する人称代名詞をそれぞれ答えてください。「自分」は
なるべくtôi以外の言葉を使ってください。

（1）自分（男）が35歳で相手（女）が40歳のとき
　　　自分（一人称）（　　　　　）、相手（二人称）（　　　　　）

（2）自分（女）が20歳で相手（女）が50歳のとき
　　　自分（一人称）（　　　　　）、相手（二人称）（　　　　　）

（3）自分（男）が45歳で相手（男）が10歳のとき
　　　自分（一人称）（　　　　　）、相手（二人称）（　　　　　）

（4）ビジネスの場で自分（女）が30歳で相手が25歳（男）のとき
　　　自分（一人称）（　　　　　）、相手（二人称）（　　　　　）

答え

（1）em / tôi, chị　（2）em / tôi, cô　（3）bác / tôi, cháu　（4）tôi, anh

一人称にも二人称にもなるってどういうこと？

まだピンと来ない人がいるかもしれませんので、ここは重点的に説明します。以下の日本語の会話をご覧ください。ポイントは「お父さんはね」「お姉ちゃんはね」という使い方です。

娘：　お父さん、お風呂入った？
父：　お父さんはごはん先に食べるからまだいいよ。

娘が発している「お父さん」は「あなた」という二人称を意味します。父が言う「お父さん」は一人称ですね。日本語では父母、兄姉、祖父母、おじさん、おばさんなど年上の人に対する呼称が一人称、二人称兼用で代名詞の代わりに使用され、子供、弟、妹など年下に対しては「おまえ」などの人称代名詞を使いますよね？　ベトナム語では年上、年下とも二人称の人称代名詞を一人称としても使うのです。

母：Con ơi. Con dọn dẹp phòng chưa?
　　コーン　オイ。コーン　ゾッ　ゼッ　フォーン　チュア
　　（子供よ、部屋掃除した？）

子供：Chưa. Tại sao mẹ không chăm sóc con?
　　　チュア　タイッ　サオ　メッ　コォンッグ　チャム　ソック　コーン
　　　（まだ。なんでおかあさんは子供=私たちを世話してくれないのさ）

★ 子供のほうのconは、一人称を表しています。あえて直訳しているので、変な日本語になっています。

翻訳するときは一人称、二人称に要注意

同じ言葉でも発言者によって「私」、「あなた」が変わることがあるので、翻訳するときは気をつけないといけません。

Anh yêu em.
　　　愛する
アィン イェウ エム

話している人が<u>年上の男性なら「私はあなたを愛する」</u>だし、<u>年下女性なら「あなたは私を愛する」</u>になってしまうのです。

彼氏：Em thích loại phim gì?　Anh muốn xem hài.
　　　　年下の人 好き 種類　映画 どんな　年上男性 したい　観る
　　　エム ティック ロアイ フィム ズィー　アィン ムオン セーム ハァーイ
　　　（お前＜彼女＞は何の映画観たい？　おれ＜彼氏＞はコメディ観たいな）

彼女：Anh luôn chọn hài.　Em thích loại khác.
　　　　　 いつも 選ぶ　　　　　　異なる
　　　アィン ルオン チョッ ハアーイ　エム ティック ロアイ カァッ
　　　（あなた＜彼氏＞はいつもコメディじゃない。私＜彼女＞は違うジャンルの観たいわ）

分かってもらえましたか？彼氏と彼女が言っているEm、Anhはそれぞれ「私」と「あなた」が入れ替わっているでしょ？つまり、<u>お互いの関係性で話をしているわけです。</u>これこそが<u>人間関係を重視するベトナム語の最大の特徴</u>ともいえるのです。

<u>何度も言いますが、tôiを一人称、anh、chịが二人称という教え方は表面的にしかベトナム語を説明しておらず、大きな間違いなのです。</u>

呼びかけるときに年齢、身分を識別

Em ơi. （すみません）
エム オーイ

この言葉を聞いたことがあると思います。レストラン、小売店、ゴルフ場、いろんなところで従業員を呼ぶときの決まり文句です。これは年齢で識別しているわけではなく、従業員という立場だから目下に見るのです。
ですから、相手によっていろんな呼び方ができます。

Anh ơi.	（相手が年上男性）
Chị ơi.	（相手が年上女性）
Bác ơi.	（相手が初老男性/女性）
Vân Anh ơi.	（相手がヴァン・アィンさん）

★ベトナム人の名前の呼び方
ベトナムではNguyễn Tấn Dũng（グエン・タン・ズン、元首相）というように、名字＋ミドルネーム＋ファーストネームです。グエン姓が7〜8割とも言われているので、基本はファーストネームで呼びます。
ただし、Anh、Linhなどよくある名前の場合は識別するために、ミドルネームを付けてVăn Anh、Nhật Linhなどと呼びます。

人称代名詞の基本ルール　まとめ

①ベトナム語の人称代名詞は「家族の誰に年が近いのか？」で考えよう。

②人称代名詞は一人称にも、二人称にもなる。翻訳のときは要注意。

③ビジネスの場面では自分はTôi、相手が男性ならAnh、女性ならChị。

Unit 24 助動詞

ベトナム語の助動詞の使い方は英語とほぼ同じで、動詞の前に置くだけです。

肖定文▶ S ＋ 助動詞 ＋ 動詞

否定文▶ S ＋ không ＋ 助動詞 ＋ 動詞

疑問文は、次の2つのタイプがあります。

疑問文▶ ① S ＋ có ＋ 助動詞 ＋ 動詞 ＋ không?
② 助動詞の肯定文 ＋ chứ?

いろいろな助動詞

ベトナム語	英語	日本語
phải ファアイ	must	〜しなければならない
nên ネン	should	〜すべきだ 〜したほうがよい
cần カォン	need	〜する必要がある
có thể コォー テェエ	may	〜してもよい 〜だろう
có thể ＋動詞＋ (được) コォー テェエ　　ドゥオッc あるいは、動詞＋ được	can	〜できる
định ディンッ	will	〜するつもりだ
dám ザァー(ム)	dare	あえて〜する

★ canだけ複雑ですが、đượcがないとmayの意味と混同するので動詞を挟み込む形でこういう言い回しをします。動詞＋ đượcだけでもOK。

例　文

私　　must　　する　　仕事　　　この
Tôi phải làm công việc này.
トーイ ファアイ ラァー(ム) コン　ヴィエッ ナーイ

（私はこの仕事をしなければいけない）

きみ　　否定　　need　must　　する　　仕事　その
Em không cần phải làm việc đó.
エ(ム)　　コホン　　カォン ファアイ ラァー(ム) ヴィエッ ドォー

（きみはその仕事をする必要はないよ）

★ ベトナム語では強調のために似たような言葉を二つ並べることが多いです。この言い回しはその典型です（phải は省略可）。

あなた　〜すべき 食べる たくさん　野菜
Bạn nên ăn nhiều rau.
バッ　　ネン　アァン ニィェウー　ザウ

（あなたは野菜をたくさん食べるべきだ）

　　　　つもり 行く 旅行　　〜まで　日本　　来年
Dũng định đi du lịch đến Nhật năm tới.
ズゥン　ディン ディー ズー リック デェン　ニャッ　ナァ(ム) トォーイ

（ズンは来年、日本へ旅行するつもりだ）

ベトナム　　　　　否定　あえて 話す　英語
Người Việt không dám nói tiếng Anh.
ングォイ　ヴィエッ コォン ザァー(ム) ノォーイ ティエン アィン

（ベトナム人はあえて英語を話そうとしない）

★ 否定文では、動詞と助動詞の間に、否定を表す không を入れる。

---

1 文字と発音を学ぼう

2 基本単語を覚えよう

3 文法と会話

4 ビジネス

助動詞の疑問文

英語と違い、ベトナム語の助動詞の疑問文は少し複雑です。よく使われる言い回しは2種類です。

---

① S ＋ có ＋ 助動詞 ＋ 動詞 ＋ không？　──普通の疑問形

② 助動詞の肯定文 ＋ chứ？　──疑問の文末詞を入れる

✚ 助動詞が có thể のときだけは có có thể とはならず、そのままです。

例 文

私　疑問形　must　する　仕事　この
Tôi có phải làm việc này không？
トーイ コォー ファアイ ラァー(ム) ヴィエッ ナーイ コホン
（私はこの仕事をしなければいけないのですか？）

あなた(男性)　疑問形　つもり　結婚する　　～と　私(年下)
Anh　có định kết hôn với em không？
アィン　コォー ディン ケッホン ヴォイ エ(ム) コホン
（あなた、私と結婚するつもりあるの？）

彼　　　必要がある　行く　疑問の文末詞
Anh ấy　cần　đi　chứ？
アィン アイ カォン ディー チュゥー
（彼は行く必要がありますか？）

―(Ừ), anh ấy cần đi.　（うん。彼は行く必要がある）
　ウー、　アィン アイ カォン ディー

―Anh ấy không cần đi.　（行く必要はない）
　アィン アイ　コホン　カォン ディー

私　　できる　　借りる　類別詞(個)ペン　　　疑問の文末詞
Tôi có thể mượn cây bút được chứ？
トーイ コォー テエェ ムオッ カイー ブッ ドゥオッ チュゥー
（ペンを借りてもいいですか？）

136

> 可能を表すいろいろな表現

canにあたる表現はいくつか言い方があるので、覚えておきましょう。

■肯定文
① có thể ＋動詞（＋ được）

息子　　私　できる　　走る　　　　自転車
Con trai tôi có thể chạy được xe đạp.
コーン　チャイ　トーイ　コー　テェエ　チャイ　　ドゥオッ　　セー　ダッ(プ)

（私の息子は自転車に乗ることができる）

⭐ được がないと may の意味と混同するので動詞を挟み込む形でこういう言い回しをします。動詞＋ được だけでもOKです。

②動詞＋ được

私　言う　ベトナム語　　　　少し
Tôi nói tiếng Việt được một chút.
トーイ　ノォーイ　ティエン　ヴィエッ　ドゥオッ　　モッ　チュウッ

Tôi nói được tiếng Việt một chút.

（ベトナム語が少し話せます）

⭐ được の位置はどちらでも通じます。

③ biết ＋動詞

知っている（biết）という動詞＋動詞でも「〜ができる」という意味になります。

あなた　知っている　泳ぐ
Chị biết bơi chứ?　　（あなたは泳げる？）
チッ　　ビエッ　ボォイ　チュゥー

Tôi biết chơi ghita.　（私はギターが弾ける）
トーイ　ビエッ　チョオイ　ギター

■否定文

①〜③のいずれも、「彼らはフランス語が話せない」という意味。

① không thể ＋動詞（＋ được）

<small>彼ら　　　　話す　フランス語</small>
Họ không thể nói tiếng Pháp được.
<small>ホッ　コホン　テェエ　ノイ　ティエン　ファッ(プ)　ドゥオッ</small>

② không ＋動詞＋ được

<small>彼ら　　　話す　フランス語</small>
Họ không nói tiếng Pháp được.
<small>ホッ　コホン　ノォーイ　ティエン　ファッ(プ)　ドゥオッ</small>

③ không thể ＋動詞

<small>彼ら　　　　話す　フランス語</small>
Họ không thể nói tiếng Pháp.
<small>ホッ　コホン　テェエ　ノーイ　ティエン　ファッ(プ)</small>

■疑問文

①②とも、「ピアノが演奏できますか」という意味。

① có thể ＋動詞＋ được không？

<small>君　　演奏する　ピアノ</small>
Em có thể chơi Piano được không?
<small>エ(ム)　コォー　テェエ　チョイ　ピアノ　ドゥオッ　コホン</small>

② có thể ＋動詞＋ không？

Em có thể chơi Piano không?
<small>エ(ム)　コォー　テェエ　チョイ　ピアノ　コホン</small>

138

可能表現のまとめ

　ベトナム語の可能表現は複雑で嫌になってしまいますよね。でも、通じやすさ、覚えやすさの点から筆者が考えるお薦めは以下の表の通りです。

- -

肯定文▶　　S ＋ có thể ＋ 動詞 ＋ được

否定文▶　　S ＋ không thể ＋ 動詞 ＋ được

疑問文▶　　S ＋ có thể ＋ 動詞 ＋ được không ?

- -

⭐「動詞＋được」が簡単に見えてしまいますが、きちんと発音しないと通じません。長くはなりますが、上記の表現の方が通じやすいです。基本の肯定文の形を覚えてしまえば、否定文では có を không に変え、疑問文では文末に không を加えるだけです。

■答え方

　英語のように Yes,I can. とは答えず、「できる」「できない」で答えるだけです。

Được.　　　　　できます。

Không được.　　できません。

⭐前に動詞を入れることもあります。Làm được. （することができる）
⭐「ドゥオッ」としっかりと最後に息を止めることが大事です。アルファベット読みの「ドゥオック」は通じません。

1 文字と発音を学ぼう

2 基本単語を覚えよう

3 文法と会話

4 ビジネス

139

練習問題

空欄を埋めて、以下の日本語をベトナム語に訳してみましょう。

(1) 私はベトナム語を話すことが<u>できます</u>。

Tôi（　　　）（　　　）nói tiếng Việt（　　　）.

Tôi nói tiếng Việt（　　　）.

(2) 彼は<u>あえて</u>飛行機に乗りません。

Anh ấy（　　　）（　　　）đi máy bay.

(3) いっしょに写真を撮って<u>もいいですか</u>？

Tôi（　　　）（　　　）chụp ảnh với em（　　　）?

(4) その書類を読<u>まなければならない</u>。　★「書類」は tài liệu

Em（　　　）đọc tài liệu đó.

(5) 彼らは日本に帰る<u>つもりですか</u>？

Họ（　　　）（　　　）quay lại Nhật（　　　）?

恐らくそうでしょう。

（　　　）（　　　）là như thế.

答え

(1) có, thể, được / được　(2) không, dám　(3) có, thể, không　(4) phải
(5) có, định, không / Có, thể

140

Unit 25 疑問詞（5W1H）

　ベトナム語の疑問詞は英語と似ているのですが、英語と同じように文頭にくる場合と、肯定文の語順で疑問詞が文末にくる場合があります。また、文頭に置くか、文末に置くかで意味が変わることもあります。

Tên anh là gì?（名前）（何）　（あなたのお名前は何ですか）
テン　アィン　ラァー　ズィー

Bao nhiêu tiền?（how）（much）　（いくらですか）
バオ　ンニィェウ　ティエン

基本の疑問詞

疑問詞	英語	置く場所（原則）	日本語
gì / cái gì ズィー　カァイ　ズィー	what	文末	何 ＊名詞＋gì（例:màu gì 何の色）もある。
đâu ドゥー	where	文末	どこ？ ＊「どこに」は ở đâu
bao giờ バオ　ズォー khi nào キヒィ　ナァオ	When	文頭（未来） 文末（過去）	何時、いつ ↑時間の概念やや強い いつ ↑時間の概念やや弱い
ai アーイ	Who, Whom	文頭、文末	だれ？ ＊主語でも目的語でもcủa aiとするとWhoseの意味を表す
tại sao / vì sao タイッ　サオ／ヴィー　サオ	Why	文頭	なぜ？ ＊答えを求める。自問するときはsaoだけ
như thế nào ニュー　テー　ナァオ làm thế nào ラァ(ム)　テー　ナァオ	How	文頭、文末	どのように？ ＊具体的な手法を聞く

141

基本例文

Đây là cái gì?　（これは<u>何</u>ですか？）
ダイー ラァー カァイ ズィー

—Nó là nem rán.　（それは揚げ春巻きです）
ノォー ラァー ネー(ム) ザンー

Quê bạn ở đâu?　（ご出身は<u>どちら</u>ですか？）
クゥエ バッ オォ ドウー

—Tôi đến từ Tokyo.　（東京です）
トーイ デンー トゥー トウキョウ

Em（đã）đi công tác khi nào?
エム ダァァ ディー コン タァッ キヒィ ナァオ
（いつ出張したんですか？）

> 疑問詞が文末に来た時点で過去形が確定

—Tuần trước thôi.　（先週ですよ）
トゥアン チュオッ トホイ

Người đó là ai?　（あの<u>人</u><u>だれ</u>？）
ングーイ ドォー ラァー アイ

—Anh trai của tôi.　（私の兄です）
アィン チャーイ クゥア トーイ

Tại sao bạn đến Hà Nội?　（<u>なぜ</u>ハノイに来たの？）
タイッ サオ バッ デン ハァー ノッ

—Bởi vì công việc.　（それは仕事です）。
ボォオイ ヴィー コン ヴィエッ

★ Bởi vì または Vì は「なぜならば〜」という意味でよく使う。

How about
Làm thế nào để giỏi tiếng Việt?
ラァーム テヘー ナァオ デェ ズォイ ティエン ヴィエッ
（<u>どうやったら</u>ベトナム語が上手になりますか）

応用例文

<u>Khi nào</u> bạn về nhà?
いつ　おまえ 帰る　家
キヒィ　ナァオ　バッ　ヴェー　ニャー
（いつ家に帰るの？）

—Tôi sẽ về khoảng 21 giờ.
　私
トーイ セエェ ヴェー コホアン ハイ(ムォイ)モッ ズォー
（21時ごろ帰ります）

<u>Ai</u> đang hát bài này?
誰　進行形　歌う　歌　この
アイ　ダーン ハァッ バァイ ナイー
（だれがこの歌を歌っているの？）

—Ca sĩ Mỹ Tâm mà.
　歌手　 ミー タム　強調
カー スィイ ミィイ タ(ム)　マァー
（歌手のミー・タムでしょ）

<u>Tại sao</u> người Việt đến muộn?
なぜ　　人 ベトナム 来る 遅い
タイッ サオ　ングーイ ヴィエッ デン　ムオッ
（なぜベトナム人は遅刻するの？）

<u>Làm thế nào</u> em đã biết điều đó?
どうやって　君 過去形
ラァー(ム) テヘー ナァオ エ(ム) ダアァ ビエッ ディエウ ドォー
（どうやって君はそれを知ったのですか？）

☆ 「いくつ？」の疑問詞は 10 以上か 10 以下かで変わる

英語では可算名詞をたずねる How many、不可算名詞をたずねる How much とに分かれますが、ベトナム語ではその区別はなく、10個より多いか否かで疑問詞が変わります。

	疑問詞	置く場所
10（個）以下	mấy + 名詞 マイー	文頭 文末
10（個）以上	bao nhiêu + 名詞 バオ ンニィェウ	文頭

★ 使用頻度は Bao nhiêu が圧倒的に多いです。迷ったらこちらを使う。
★ 置く場所はあくまでも原則です。文中に来ることもあります。

例 文

お金
Bao nhiêu tiền?　（いくらですか？）
バオ　ンニィェウ　ティエン

おーい　　歳
Cháu ơi. Mấy tuổi?　（ねえ、ぼく、何歳？）
チャウ　オーイ　マイー　トゥォォイ

年上男性 いる　　　子供
Anh có mấy con?　（あなたは何人子供がいますか？）
アィン　コー　マイー　コーン

工場　　　　　この 生産する 産出　　　　トン
Nhà máy này sản xuất bao nhiêu tấn
ニャー　マイー　ナァイ　サァァン　スゥッ　バオ　ニィェウ　タァン

in　1　年
trong một năm?　（この工場は1年間に何トン生産しますか？）
チョン　モッ　ナァ(ム)

144

練習問題

空欄に当てはまる言葉を書き入れ、できあがった文を読んでみましょう。

(1) あなた（男性、年上）は何が欲しいですか？

　　Anh muốn（　　　　）（　　　　　）？

(2) きみは誰を探しているのですか？

　　Em đang tìm（　　　　　）？

⭐ tìm「〜を探す」đang は現在進行形を表す。

(3) どうしてあなた（同年代）はここに来たんですか？

　　（　　　　）（　　　　　　）bạn đến đây?　⭐ đây「ここに」

(4) あなた（年上、女性）は何人子供がいますか？

　　Chị có（　　　　）（　　　　）？

(5) どうやってきみはギターを弾くんですか？

　　Em chơi ghita（　　　　）（　　　　）（　　　　）？

⭐ chơi ghita「ギターを弾く」

(6) 何時ごろ、あなた（年上、男性）は仕事が終わりますか？

　　（　　　　）（　　　　　）anh xong việc?

⭐ xong「完了する」、việc「仕事」

1 文字と発音を学ぼう

2 基本単語を覚えよう

3 文法と会話

4 ビジネス

答え

(1) cái gì　(2) ai　(3) Tại sao / Vì sao　(4) mấy con　(5) như thế nào　(6) Bao giờ

145

Unit 26 場所の言い方

基本の位置　「～は……にあります」

★ ở trên は英語の on, above, over の意味がある。

ở trên（～の上に）
オォ チェン

bên cạnh
ベン カインッ
（横に、となりに）

giữa（～の間に）
ズゥア

ở trong（～の中に）
オォ チョン(グ)

bên trong（～の内部に）
ベン チョン(グ)

ở dưới（～の下方に）
オォ ズオイ

※ ở giữa = in the middle of...
（～の真ん中に）

例文

CD 2-24

鳥　飛ぶ　上を　屋根　家
Chim bay trên mái nhà.
チーム　バイー　チェン　マァイ　ニャー
（鳥が屋根の上を飛ぶ）

> ở trên だと屋根など「（接触した）上に」の意味が強くなる

木　大きな　ある　横　家　私
Cây to có bên cạnh nhà tôi.
カイー　トー　コー　ベン　カインッ　ニャー　トーイ
（Bên cạnh nhà tôi có cây to.）
　ベン　カインッ　ニャー　トーイ　コー　カイー　トー
（私の家の隣に大きな木がある）

> 理解しやすいように、英語と同様に場所を後ろにしましたが、ベトナム語では場所を先に言うことが多いです。

位置、場所の言い方

「私はダナンに行きます」のように方向を表すときは、Tôi đi đến Đà Nẵng. のように、「〜に行く」という動詞のあとにすぐ地名が続きますが、「〜に住んでいる」「〜で会う」のように、そこで何かが行われる場合は、場所の名詞の前に前置詞ởやtạiを置きます。

ở　　話し言葉でよく使われる。　　※ở đâu（どこ？）は決まり文句

tại　　書き言葉でよく使われる。

★ どちらでもほぼ同じ意味なので神経質になる必要はありません。

例文

Em sống ở đâu?　（どこに住んでいますか？）
エ(ム)　ソーン　オォ　ドゥー

Tôi sống ở Tokyo.　（私は東京に住んでいます）
トーイ　ソーン　オォ

Anh ấy đã gặp cô ấy tại trường.
アィン アイー ダァァ ガッ コー アイ タイ チュオン
（彼は学校で彼女に会った）

Em ở đâu đấy?　（いまどこにいるのさ？）
エ(ム)　オォ ドゥ　ダイー

Sản phẩm này sản xuất tại Hà Nội.
サァン ファ(ム) ナイー　サァン スワッ タイ ハー ノイッ
（この製品はハノイで生産されている）

147

> タクシーにて

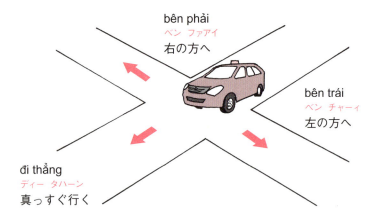

bên phải
ベン ファアイ
右の方へ

bên trái
ベン チャーイ
左の方へ

đi thẳng
ディー タハーン
真っすぐ行く

覚えておくと便利な単語

- 停まる **dừng** ズューン(グ)
- ゆっくり **từ từ** トゥー トゥー
- 右に曲がる **rẽ phải** ゼェェ ファアイ
- 左に曲がる **rẽ trái** ゼェェ チャーイ
- 前方に **ở trước** オォ チュオック
- 後方に **ở sau** オォ サウ

例 文

行く 〜まで　　オペラハウス
Đi đến　Nhà hát Lớn. （オペラハウスに行ってください）
ディー デン　ニャア ハァット ロォン

あなた 疑問形 知る 地点　　その
Bạn có biết địa điểm đó không?
バッ コォー ビエッ ディア ディエム ドォー コホン
（その場所分かりますか？）

> 方角、地方

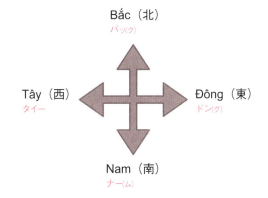

Bắc（北）
バッ(ク)

Tây（西）
タイー

Đông（東）
ドン(ク)

Nam（南）
ナー(ム)

> 覚えておくと便利な単語

- □東北　**Đông Bắc**
　　　　ドン　バッ(ク)
- □南西　**Tây Nam**
　　　　タイー　ナー(ム)
- □北部　**miền Bắc**
　　　　ミエン　バッ(ク)
- □南部　**miền Nam**
　　　　ミエン　ナー(ム)
- □中部　**miền Trung**
　　　　ミエン　チュン(ク)

★ miềnの代わりにphía（側、方向）を使うこともあります。

> 例文

私　来る　から　北部
Tôi đến từ miền Bắc.　（私は北部出身です）
トーイ　デン　トゥー　ミエン　バッ

東北地方　　　　　　　　の　日本　疑問形　寒い
Miền Đông Bắc của Nhật có lạnh không?
ミエン　ドン　バッ　クア　ニャッ　コ　ライン　コン
（日本の東北地方は寒いですか？）

方向詞

方向を示す動詞がベトナム語は多いです。反対語とセットで覚えましょう。

đi（行く） ↔ về（帰る）
ディー　　　　　ヴェエー

tới（赴く） ↔ đến（来る）
トォーイ　　　　デンー

ra（出る） ↔ vào（入る）
ザー　　　　　ヴァオ

lên（昇る） ↔ xuống（下る）
レェン　　　　スオン(グ)

gửi（送る） ↔ nhận（受け取る）
グゥイ　　　　ニャッ

★ 方向動詞はほかの動詞と組み合わせ、動作の方向を示すことが多い。

mang về（持ち帰り） đưa ra（＜人を＞送る）、dẫn vào（案内する）
マン(グ)　ヴェー　　　デュア　ザー　　　　　　　　ザァン　ヴァオ

★ 日本語と同じように上り、下りは都市、地方間の移動を示す。

lên　地方から都会へ　　xuống　都会から地方へ
レェン　　　　　　　　　スオン(グ)

人によっては逆に言う（特に田舎の人）

★ 「đi＋動詞」で「〜しに行く」、「動詞＋đi」で「〜しろ」という命令文になる。

đi ăn　食事に行く　　Ngủ đi.　寝なさい。
ディー ァアン　　　　　ングゥウ ディー

練習問題

[1] 位置を示すベトナム語に対応した日本語を線で結びましょう

---

1. ở giữa   a. 横に、となりに

2. bên trong   b. ～の上に

3. ở trên   c. ～の中に

4. ở dưới   d. ～の内部に

5. bên cạnh   e. ～の下方に

6. ở trong   f. ～の真ん中に

---

1 文字と発音を学ぼう

2 基本単語を覚えよう

3 文法と会話

4 ビジネス

[2] カッコ内に正しい単語を入れましょう。

1. Ông sống （　　　　　） đâu?
（おじいさんはどこに住んでいるの？）

2. Tivi này sản xuất （　　　　　） Trung Quốc.
（このテレビは中国で生産された）

3. （　　　　　）（　　　　　） đi góc tiếp theo.
（次の角を右に曲がって）

4. Chị （　　　　）（　　　　） hay ăn ở đây?
（お持ち帰りですか、それともこちらで食べますか？）

5. Anh hãy （　　　　） quê hương tôi.
（私の故郷にいらっしゃってください）　★ quê hương は「故郷」

6. Hôm nay tôi （　　　　） làm sớm.
（きょう私は早めに仕事に行きます）

答え

[1] 1. f　2. d　3. b　4. e　5. a　6. c
[2] 1. ở　2. tại　3. Rẽ phải　4. mang về　5. xuống　6. đi

151

Unit 27 時制① 現在・過去・未来

時制の助動詞

　ベトナム語には語形変化がありません。時制を変えるには動詞の前に助動詞を付けるだけです。6種類あるので丸暗記してください。

過去	近過去	現在進行	近未来	未来
đã ダアァ	vừa ヴーア mới モイー	đang ダン(グ)	sắp サッ(プ)	sẽ セエェ

　　　　　　　　←数時間以内　　　　　　　数時間以内→

★ đã、sẽ はいずれも近過去、近未来の意味で使われることもありますが、「いま終わった」「いまやる」のニュアンスを強く表現したいときに vừa (mới)、sắp を使います。
★ vừa mới と二つ並べて意味を強調することもあります。

> mới は形容詞では「新しい」の意味。

基本例文

Sinh viên đó đã đi du học.　（あの大学生は留学した）
大学生　　　　　　行く　留学
スィン ヴィェン ドー ダアァ ディー ズー ホッ

Tôi đang làm việc.　（私は仕事中です）
　　　　　　する　仕事
トーイ ダン ラァー(ム) ヴィエッ

Anh sắp tới.　（おれはもうすぐ着くよ）
私(年上男性)　　赴く
アイン サッ(プ) トォイ

Chị ấy sẽ về quê.　（彼女は故郷に帰ることになるだろう）
彼女　　　　帰る 故郷
チッ アイー セエェ ヴエー クエー

★ ベトナム語はタイ語などほかの東南アジア言語同様、時制の概念にあまり厳しくありません。たとえば「きのう、ごはんを食べます」というような言い回しでも問題ありません。

<small>彼女　準備する　　たくさん　　　日　昨日</small>
Cô ấy chuẩn bị nhiều（ngày）hôm qua.
<small>コー アイー チュアン ビッ ニィエゥ　　ンガイー　ホ(ム)　クワー</small>
（彼女は昨日たくさん準備した）

★ Unit 7、8で時刻・時間や年月日の表現を説明していますのでご参照してください。

応用例文

<small>水　　　川　　　汚染された</small>
Nước sông đã ô nhiễm.
<small>ヌオッ　　ソン　ダアァ オー ニィエ(ム)</small>
（川の水は汚染された）

<small>私　　食べる　終える　　飯　　昼　　すでに</small>
Tôi vừa ăn xong bữa trưa rồi.
<small>トーイ ヴーァ ァアン ソン　ブューア チュア ゾーイ</small>
（私はいまランチを食べ終えたばかりだ）

<small>妻　私　　　世話する　　　子供　たち　いま</small>
Vợ tôi đang chăm sóc con cái bây giờ.
<small>ヴォッ トーイ ダン　　 チャ(ム) ソッ コーン カイー バイー ズォー</small>
（妻はいま子供たちの世話をしている）

<small>飛行機　　　離陸する　　〜から 飛行場</small>
Máy bay sắp cất cánh từ sân bay Nội Bài.
<small>マイー バーイ サッ(プ)　カッ カイン トゥー サン バーイ ノッ バァイ</small>
（飛行機は間もなくノイバイ空港を離陸します）

<small>母　私　　行く　　病院</small>
Mẹ tôi sẽ đến bệnh viện.
<small>メッ トーイ セエッ デンー ベッ ヴィエッ</small>
（私の母は病院に行くだろう）

練習問題

日本語の訳に合うように、適切な単語を入れてください。

(1) ホテルに着いたところです。
　　Tôi（　　　　　）tới khách sạn.

(2) 彼らは日本に留学するだろう。
　　Họ（　　　　　）đi du học đến Nhật Bản.

(3) あの女性たちはビールを飲んでいる。
　　Các phụ nữ đó（　　　　　）uống bia.

(4) 父はもうすぐ帰ってくる。
　　Bố tôi（　　　　　）về nhà.

(5) 彼女は就職しないだろう。
　　Chị ấy（　　　　　）（　　　　　）tìm việc làm.

(6) まもるはもう大学行った？
　　Mamoru（　　　　　）đi đến trường đại học（　　　　　）?

(7) お母さんはもうすぐスーパーに買い物に行く。
　　Mẹ（　　　　　）đi mua sắm đến siêu thị.

(8) おじいさんは昨晩、映画を見た。
　　Ông（　　　　　）xem phim đêm qua.

答え

(1) vừa / mới　(2) sẽ　(3) đang　(4) sắp　(5) sẽ, không　(6) đã / vừa / mới, chưa
(7) sắp　(8) đã

154

「嫌い？でも大事。中国との微妙な関係」

　ベトナムにとって中国は世界で最も大事な国と言えます。同じ共産党支配で、国境を接し、総輸入額の27.6%（2017年実績）を占める最大の輸入相手国です。その一方で、1979年には中越戦争が起こり、1988年には南沙（スプラトリー）諸島のガックマー岩礁で中越両軍が衝突し、ベトナムの兵士70人近くが艦砲射撃で死亡しました。現在でも南シナ海の領有権問題はベトナムの最大の懸案です。

　いまベトナムで中国人が急増しているのがベトナム第3の都市ダナンとベトナムのハワイとも称される南部のニャチャンです。2010年代後半から中国の格安航空会社（LCC）が相次ぎ直行便を就航し、安く来られるようになったことに加え、2015年7月から外国人の土地保有が解禁されたことが大きいです。安いベトナムの土地を〝爆買い〟する中国人が増えました。

　筆者の率直な感想ではベトナム人の多くは中国人が嫌いです。「うるさい」「列に並ばない」など日本人がベトナム人に対して抱いていそうな不満をベトナム人は中国人に持っています。

　しかし、政治の世界は違います。ベトナムは指導者が米国を訪れる際、必ず直前に中国を訪問します。一度ある政治家がそれを怠り、ひんしゅくを買いました。ベトナムの経済成長のきっかけとなった「ドイモイ改策」は中国の鄧小平氏が進めた「改革開放政策」をモデルにしており、現在取り組んでいる国営企業改革も中国がお手本です。ただ、親中を声高に叫ぶと、国民の不人気を買います。国益は守りつつ、適度な距離を保つ。八方美人外交が持ち味のベトナムの真骨頂と言えるでしょう。

Unit 28 時制② 完了・経験

完了形の基本

[đã / vừa / mới ＋ 動詞 ＋ rồi]　　〜を終えた、完了した

　前の章で覚えた過去形の助動詞（đã, vừa, mới）に加え、「すでに」の意味を示すrồiを文末に添えることで完了の意味になります。

Tôi vừa xong việc rồi.　（私は仕事を終えました）

★ 過去完了、未来完了も時制を示す言葉を追加するだけです。

Nếu em đã học chăm chỉ ba năm trước rồi.

（もし3年前に君が一生懸命勉強していたら……）

Anh ấy mới đi rồi.

（彼は外出したばかりです）

経験表現の基本

[đã từng ＋ 動詞]　　〜したことがある

Tôi đã từng đi đến Nhật Bản.　（私は日本に行ったことがある）

Ông đã từng ăn thịt ếch.

（おじいさんはカエルを食べたことがある）

疑問文でよく使う「まだ」「もう」

ベトナム語では動作が完了したかどうか、を尋ねることが非常に多いです。筆者の意見ではベトナム人がせっかちであることが影響していると思います。<u>完了、経験の疑問文、回答でよく使うので必ず覚えましょう。</u><u>基本は文末に付けます。</u>

---

chưa まだ〜していない、したことがない
　　　＜動作の未完了、未経験＞

rồi もう〜した、したことがある
　　　＜動作の完了、経験ずみ＞

⭐ p. 120 で疑問文の答え方を説明していますので参照してください。

例文

> 完了、未来の助動詞は省いても構いません。ベトナム人はよく省きます。

あなた 食べる ごはん
Anh ăn cơm chưa? （もうごはん食べた？）
アィン　ァァン　コ(ム)　チュア

—（食べました）**Anh ăn rồi.** （まだです）**Anh chưa ăn.**
　　　　　　アィン ァァン ゾーイ　　　　　　　アィン チュア ァァン

わたし 完了助動詞 帰る 家
Em mới về nhà rồi. （私はもう家に戻りました）
エ(ム)　モイー　ヴェー ニャー ゾーイ

あなた 完了助動詞 娶る 奥さん
Anh đã lấy vợ chưa? （結婚していますか？＝奥さんいますか？）
アィン　ダァア　ライー ヴォッ チュア

あなた 未来助動詞 出発する
Bạn sắp xuất phát chưa? （もうすぐ出発しますか？）
バッ　サッ(プ)　スアッ ファッ チュア

　　　　私　行く 仕事
—**Tôi sắp đi làm rồi.**
トーイ サッ(プ) ディー ラァー(ム) ゾーイ
（もうすぐ仕事に行きます）

> 近未来の助動詞とchưaと組み合わせると、「もうすぐ〜しますか？」という意味になります。答えではrồiを組み合わせ、「もうすぐします」となります。

よく使う熟語

chưa bao giờ + 動詞	～したことがない＜未経験＞
không bao giờ + 動詞	決して～しない＜強い決意＞
chẳng bao giờ + 動詞	もう～しないだろう＜意欲＞
đừng bao giờ + 動詞	決して～しないで＜相手への要望＞

★ bao giờ は「いつ（when）」という意味ですが、この熟語の場合は「いつでも（whenever）」の意味になります。

例　文

彼女
Cô ấy chưa bao giờ đi đến Mỹ.
コー　アイー　チュア　　バオ　ズォー　ディー　デン　ミイィ
（彼女は米国に行ったことがない）

私(男性)　　　　　　　　　　食べる　肉　　犬
Anh không bao giờ ăn thịt chó.　（私は決して犬肉を食べない）
アィン　　コホン　　バオ　ズォー　ァアン ティッ チョー

吸う　たばこ　で　ここ
Đừng bao giờ hút thuốc lá tại đây.
ドゥン　バオ　ズォー フゥッ トゥオッ ラァー タイ ダイ
（ここでたばこを吸わないでください）

私　　　　　　　　　　　飲む　薬
Tôi chẳng bao giờ uống thuốc.　（私はもう薬を飲まないだろう）
トーイ　チャン　バオ　ズォー　ウオン　トゥオッ

★ không bao giờ = never（主に未経験のことをしない）、chẳng bao giờ = dare not（主に経験済みのことをしたくない）と考えるとニュアンスが近いと思います。

練習問題

カッコ内に合う助動詞を答えてください。

(1) 京都に行ったことがありますか？

Bạn đã（　　　　　）đi đến Kyoto?

(2) いま登録が終わりました。　　★「登録」は đăng ký

Tôi vừa đăng ký（　　　　　）.

(3) 5年後には卒業しているでしょう。　　★「卒業する」は tốt nghiệp

Đến 5 năm tới anh（　　　　　）tốt nghiệp（　　　　）.

(4) 私はアフリカに行ったことがありません。

Tôi（　　　　）（　　　　　）（　　　　　）đi đến Africa.

(5) ここでは飲食しないでください。　　★「飲食する」は ăn uống

（　　　　）（　　　　　）（　　　　　）ăn uống tại đây.

(6) もうEメール書き終わった？

Bạn（　　　　）hoàn thành e-mail（　　　　）?

(7) もうすぐ寝るでしょ？

Em（　　　　）ngủ（　　　　）?

ヒント

bao giờ, chưa, đã, đừng, rồi, sắp chưa, từng

---

1 文字と発音を学ぼう

2 基本単語を覚えよう

3 文法と会話

4 ビジネス

答え

(1) từng　(2) rồi　(3) đã, rồi　(4) chưa bao giờ　(5) Đừng bao giờ
(6) đã, chưa　(7) sắp, chưa

Unit 29 受け身

2種類の受け身表現

ベトナム語の受け身表現は2種類だけです。良い場合と悪い場合で区別します。

- 良い場合（ほめられる、助けられる等）
  主語＋được【得】＋主体＋動詞

- 悪い場合（怒られる、病気にかかる等）
  主語＋bị【被】＋主体＋動詞

【　】内は漢越語。
イメージすると覚え
やすい。

または英語と同じような語順で表現することもできます。

[主語 ＋ bị または được ＋ 動詞 ＋ bởi (=by) ＋ 主体]

例　文

Tôi được cô giáo khen.　（先生にほめられた）
トーイ　ドゥオッ　コー　ザァオ　ケヘーン

Anh bị cảm lạnh.　（風邪を引きました）
アィン　ビッ　カァム　ライッ

Em được giúp việc bởi anh trai.
エ(ム)　ドゥオッ　ズッ　ヴィエッ　ボイ　アィン　チャーイ
（私は兄に仕事を手伝ってもらう）

Anh ấy có bị bố mắng không?　（彼は父親に叱られましたか？）
アィン　アイー　コォー　ビッ　ボー　マン　コォン

通常の疑問文の作り方
と同じルールでOK。

····· その他の受け身的な表現 ·····　　CD 2-35

ベトナム語では物によって言い方が変わります。

■工業製品①　hàng ~

類別詞　腕時計　　この　～製　スイス
Chiếc đồng hồ này hàng Thụy Sĩ.　（この時計はスイス製です）
チエッ　ドン　ホー　ナイ　ハァン　トゥイッ スィイ

　下記は、いずれも được は省略可。あったほうが丁寧ですが、なくても十分通じます。

■工業製品②　(được) sản xuất tại ~

テレビ　この　　　　　　　　日本
Tivi này sản xuất tại Nhật Bản.　（このテレビは日本製です）
ティヴィー ナァイー サァン スワッ タイッ ニャッ　バァン

■農業製品　(được) trồng tại ~

キャベツ　　　　　　　　ダラット
Bắp cải trồng tại Đà Lạt.　（キャベツはダラット産です）
バッ(ブ) カァイ チョン タイッ ダー ラッ(ト)

■水産品　(được) đánh bắt tại ~

魚　鮭　　　　　　　　　　　ノルウェー
Cá hồi được đánh bắt tại Na Uy.　（鮭はノルウェー産です）
カァー ホォイ ドゥオッ　ダインー　バッ タイ　ナー ウイー

★ シンプルに của（～の）を使って表現することも多いです。

Thịt bò của Úc　（オーストラリア産牛肉）
テヒッ ボォー クゥア ウッ(ク)

Gạo của Nhật Bản　（日本産米）
ガオ　クゥア　ニャッ　バァン

Ô tô của Hàn Quốc　（韓国車）
オー トー クゥア ハァン　クオッ(ク)

1 文字と発音を学ぼう

2 基本単語を覚えよう

3 文法と会話

4 ビジネス

161

受け身でよく使われる単語

bị bắt 逮捕される ビッ バッ(ト)		**được mời** 招かれる ドゥオッ モイ	
bị mắng 叱られる ビッ マン(グ)		**được gọi** 呼ばれる ドゥオッ ゴイッ	
bị ốm 病気になる ビッ オム		**được trao** 表彰される ドゥオッ チャオ	
bị hủy 取り消される ビッフゥイ		**được bảo vệ** 保護される ドゥオッ バァオ ヴェッ	
bị đánh cắp 盗まれる ビッ ダイン カッ(プ)		**được chữa trị** 治療される ドゥオッ チュア チッ	

練習問題

単語を並べ替えて意味が通る文章を作りましょう。

(1) 彼は先生に叱られた。

　　mắng（叱る）, anh ấy, thầy giáo（先生）, bị

_____

(2) 私はお父さんに手伝ってもらった。

　　giúp（手伝う）, bố, tôi, được

_____

(3) 彼女は警察に守られている。

　　cảnh sát（警察）, bảo vệ（守る）, chị ấy, bởi（〜によって）,
　　được

_____

(4) この服は中国産です。

tại（〜で）, sản xuất（生産する）, áo（服）,
Trung Quốc（中国）, này（この）, được

---

(5) あの車はタイ製です。

Thái Lan（タイ）, kia（あの）, hàng（製品）, Ô tô（車）

---

(6) このマグロは日本の大間産です。

được, bắt（捕獲する）, Oma, Nhật Bản（日本）,
cá ngừ, đánh, này（この）, tại（〜で）

---

(7) おばあさんが警察官にほめられましたか？

được, chứ, bà, cảnh sát, khen

答え

(1) Anh ấy bị thầy giáo mắng.
(2) Tôi được bố giúp.
(3) Chị ấy được bảo vệ bởi cảnh sát.
(4) Áo này được sản xuất tại Trung Quốc.
(5) Ô tô kia hàng Thái Lan.
(6) Cá ngừ này được đánh bắt tại Oma, Nhật Bản.
(7) Bà được cảnh sát khen chứ?

1 文字と発音を学ぼう

2 基本単語を覚えよう

3 文法と会話

4 ビジネス

Unit 30 命令・禁止

命令形は強さによって変わる

ベトナム語では命令から勧奨まで、強さ、ニュアンスによって表現が異なります。相手との関係、場面を意識して使いましょう。

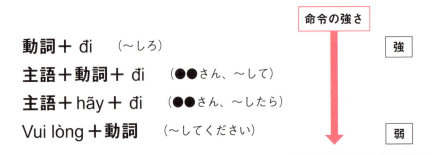

		命令の強さ
動詞＋ đi	（～しろ）	強
主語＋動詞＋ đi	（●●さん、～して）	
主語＋ hãy ＋ đi	（●●さん、～したら）	
Vui lòng ＋動詞	（～してください）	弱

★ 文頭に丁寧語「Xin」を付けると、いずれも丁寧な表現になります。
★ 「動詞＋đi」でも、相手と親しい関係にある場合は「～しなさいな」のような感じで伝わります。

例文

走る
Chạy đi. （走れ）
チャイッ ディー

子供 勉強する
Con học đi. （＜子供よ＞勉強しなさい）
コーン ホッ ディー

> ベトナム語では自分の子供に呼びかけるとき、Con（子供よ）を文頭につける。

締める しっかり ベルト 安全
Xin vui lòng thắt chặt dây an toàn.
スィン ヴイ ロォンー タハッ チャッ ザイー アーン トアン
（安全ベルトをお閉めください）

賢い指示の出し方

ベトナム人はプライドが高く、人前で命令されることを嫌がります。柔らかい指示の出し方がお勧めです。

Tôi nghĩ (em) nên ~. （私　思う　あなた　すべき） トーイ　ンギー　エ(ム)　ネン	～したらいいと思う
Tôi khuyên em nên ~. （私　推薦する　あなた　すべき） トイ　クフイエン　エ(ム)　ネン	～することをお薦めする
~ thì sao? （いかが） ティー　サオ	～はいかがですか
Em không nên ~. エム　コホン　ネン	～しないほうがいい

例文

Tôi nghĩ chị nên học tiếng Nhật.
（私　思う　年上女性　すべき　勉強　日本語）
トーイ　ンギー　チッ　ネン　ホッ　ティエン　ニャッ
（あなたは日本語を勉強したほうがいいと思う）

Còn cách này thì sao?　（こんなやり方どう？）
（では　やり方　この　いかが）
コン　カッッ　ナーイ　ティー　サオ

Em không nên đến muộn.　（遅刻しない方がいいよ）
（～ではない　すべき　来る　遅い）
エム　コホン　ネン　デン　ムオッ

165

禁止の表現

cấm + 動詞 カォム　← カとコの中間音。のどの奥の方で	～することを禁じる	＜強い禁止＞
đừng (có) + 動詞 ドゥン―(グ)　コォ―	～しないで	＜弱い禁止＞
chớ (có) + 動詞 チョ―　コォ―	～してはいけないですよ	＜警告＞

★ đừng と chớ を並列して đừng chớ と言うこともあります。ベトナム語は類似の単語を二つ並べて意味を際立たせることがよくあるのです。

★ cấm は意味が強すぎるので、一般的には đừng をよく使います。

例文

Cấm hút thuốc lá ở đây.　（ここは禁煙）
コォム　フゥーッ　トゥオッ　ラァー　オー　ダイ

Đừng bỏ cuộc.　（諦めないでください）
ドゥン―　ボォォ　クオッ

Chớ có dại.　（ふざけないでください）
チョ―　コ―　ザイッ

Nếu không hiểu thì đừng có làm.
ネオ　コホン　ヒエゥ　ティー　ドゥン―　コ―　ラァー(ム)
（もし理解できないなら、しないで）

練習問題

ベトナム語に訳してみましょう。単語はグーグル翻訳、アプリ等で調べ、正確に書きましょう。

(1) 野菜をたくさん食べなさいな。

_____

(2) リンさん（Linh）、運動したら。

_____

(3) 書類を提出してください。

_____

(4) 日本でバイクに乗らない方がいいよ。

_____

(5) ここで騒音を出してはいけません。

_____

(6) 慌てて行ったらいけないですよ。

_____

(7) 約束を破ってはいけない。

_____

1 文字と発音を学ぼう

2 基本単語を覚えよう

3 文法と会話

4 ビジネス

答え

(1) Ăn nhiều rau đi.
(2) Linh hãy tập thể dục đi.
(3) Vui lòng nộp tài liệu.
(4) Bạn không nên đi xe máy ở Nhật Bản.
(5) Cấm làm ồn ở đây.
(6) Em chớ (có) đi vội vàng.
(7) Đừng (có) phá vỡ lời hứa.

Unit 31 比較級・最上級

比較級

形容詞の後ろにhơn（～より）を付けるだけです。be動詞（là）は付けません。

[主語 ＋ 形容詞 ＋ hơn ＋ 比較対象]

違いが大きい場合はnhiều（すごく）、小さい場合は「một chút」（少し）を文末に加えます。

例文

彼　　　高い　　私
Anh ấy cao hơn tôi.　（彼は私より背が高い）
アィン アイー　カオ　ホン　トーイ

類別詞 りんご この　おいしい　　　　　　あの
Quả táo này ngon hơn quả táo đó.
クワァ タァオ ナイー ンゴーン　ホン　クワァ タァオ ドォー
（このリンゴはあのリンゴよりおいしい）

または　　　　　　　都市　　　どの　遠い
Osaka hay Kyoto, thành phố nào xa hơn?
　　　　ハイ　　　　　タイン　フォー　ナァオ　サー　ホン
（大阪か京都、どちらの都市が遠いですか？）

よく使う比較表現

tốt hơn トッ(ト) ホン	より良い	xấu hơn ソー　ホン	より悪い
đắt hơn タッ(ト) ホン	より値段が高い	rẻ hơn セェェ ホン	より値段が安い
nhiều hơn ーィエウ ホン	より多い	ít hơn イッ(ト) ホン	より少ない
xa hơn サー　ホン	より遠い	gần hơn グン　ホン	より近い
cao hơn カオ　ホン	より高い	thấp hơn タッ(プ) ホン	より低い

169

最上級

形容詞の後ろに nhất（一番）を付けるだけです。

主語 ✚ 形容詞 ✚ nhất ✚ 対象集団

> 対象が比較的小さい集団のときは trong（〜の中で）、大きい集団は trên（〜の上で）を使います。

例 文

Anh ấy thông minh nhất trong lớp.　（彼はクラスで一番賢い）
アィン アーイ トホン ミン ニャッ チョン ロッ(プ)

Núi Everest cao nhất trên thế giới.
ヌイー エヴェレスト カオ ニャッ チェン テェー ズォーイ
（エベレストは世界一高い）

Con sông lớn nhất ở Việt Nam là gì?
コーン ソン ロン ニャッ オー ヴィエッ ナー(ム) ラァー ズィー
（ベトナムで一番大きい川は何？）

2番目、3番目の表現法

形容詞 ✚ 序数（thứ hai, ba, tư...）

Đà Nẵng là thành phố lớn thứ ba ở Việt Nam.
ダァー ナンー ラァー タイン フォー ロンー トゥー バー オォ ヴィエッ ナア(ム)
（ダナンはベトナム第3の大都市です）

Tôi cao thứ hai trong gia đình tôi.
トーイ カオ トゥー ハイ チョン ザー ディン トーイ
（私は家族で2番目に背が高い）

170

「同じ」の言い方

主に量的に同等の場合 （背の高さ、体重、長さ、金額など）	形容詞＋bằng＋比較対象 〜と同等だ、〜と同じだ
主に質的に同等の場合 （顔、血液型、性格など）	giống（như）＋比較対象 〜と似ている、〜とそっくり、〜のようだ

例文

Bút này dài bằng bút chì kia.
ブーッ ナイー ザーイ バンー ブーッ チィー キーア
（このペンはあの鉛筆と同じ長さだ）

Con trai tôi cao bằng tôi.（息子は私と同じ背の高さだ）
コーン チャーイ トーイ カオ バンー トーイ

Em gái giống mẹ.　（妹は母に似ている）
エ(ム) ガーイ ゾンー メッ

nơi giống như nhà gỗ　（ログハウスのような場所）
ノイ　ゾンー　ニュー　ニャー ゴォオ

bằngの場合は名詞は後ろに付くので注意。
bằng tuổi　　バン トゥオイ　　同い年
bằng giá　　バン ズアー　　同じ価格

練習問題

　ベトナム語に訳してみましょう。単語はグーグル翻訳、アプリ等で調べ、正確に書きましょう。

（1）ダナンはハノイより暑い。

_____

（2）米国産牛と豪州産牛、どちらが安い？

_____

（3）このビルはベトナムで2番目に高い。

_____

（4）私の妻は母と同じ体重だ。　　★「重い」は nặng

_____

（5）末娘は私にそっくりだ。

_____

（6）君の部屋はまるで事務所のようだね。

_____

答えの例

（1）Đà Nẵng nóng hơn Hà Nội.
（2）Thịt bò của Mỹ và thịt bò của Úc, cái nào rẻ hơn?
（3）Tòa nhà này cao thứ hai ở Việt Nam.
（4）Vợ tôi nặng bằng mẹ tôi.
（5）Con gái út của tôi giống như tôi.
（6）Phòng của bạn giống như văn phòng.

172

もはや暗号、Webベトナム語

ベトナム人がスマホ、パソコンを使って書いているWeb上のベトナム語は超難解だ。ベトナム語を理解する人ですら、最初は理解できない単語が多いだろう。

右の表はwebベトナム語のごく一部。ほとんどがいかに短くするか、を重視している。短い言い回しを好み、スマホ好きのベトナム人が1秒でも早く入力するために編み出したのだろう。

web上の表現	正式な言葉
ko	không
đc	được
a	anh
e	em
hn	hôm nay / Hà Nội

短縮だけではない。例えば、「自分」を示す「mình」を「mềnh」と書いたり、「完了」を示す「rồi」を「rùi」と書いたり、何のためにわざわざ違う言葉にするのか、理解に苦しむことが多々ある。日本語でも「すごい＝すげぇ」「私＝あたい」など変化はあるが、ベトナム語の場合は記号、母音がほんの少し違うだけで全く違う意味になってしまうので、非常に困惑してしまう。

webベトナム語は、「分かりやすく伝える」という言語の最も重要な機能をベトナム人が軽視していることを表しているのではないか。自分の労力を最小限にし、分かる人にだけ伝わればいい、という姿勢が根底にある。この姿勢があるからこそ、ベトナム語はいつまでたっても、外国人に普及しない。在越外国人がいくら増えようが、ベトナム人のためだけのローカル言語から脱皮できないのだと筆者は思う。

Unit 32 使役

主語、目的に応じて言い方が変わります。

意思を持って「〜させる」（命令形に近い）

主語 ＋ cho または để ＋ 人 ＋ 動詞（人に〜させる）

★ 主語は人間のことが多い

<u>上司</u>　　　<u>従業員</u>　　　<u>する</u>　<u>仕事</u>　<u>〜で</u>　<u>家</u>
Sếp cho nhân viên làm việc tại nhà.
セッ(プ)　チョー　ニャン　ヴィエン　ラァム　ヴィエッ　タイッ　ニャー
（上司は従業員を家で働かせる）

<u>母</u>　　　<u>娘</u>　　<u>料理する</u>
Mẹ đã để con gái nấu ăn.　（お母さんは娘に料理をさせた）
メッ　ダァァ　デェエ　コーン　ガーイ　ノウー　ァアン

■ 主語なしの場合は「〜させて」

Cho tôi gặp (với) anh Sugi.
チョー　トーイ　ガッ　　ヴォーイ　アィン
（杉さんに会わせてください。※電話なら「杉さんと話をさせてください」）

<u>休む</u>
Để anh ấy nghỉ.　（彼を休ませておけ）
デェエ　アィン　アイー　ンギィイ

> 文頭にHãyを付けると丁寧になります。Hãy cho tôi 〜（〜させてください）

結果的に「〜させる」
★ 主語は人間でないことが多い

主語 ＋ làm cho ＋ 人 ＋ 動詞/形容詞（人に＜結果として＞〜させる）

★ 英語のmakeと同じような使い方。(例) làm cho anh hạnh phúc ＝ make me happy

<u>雷</u>　　　　　　　　<u>赤ちゃん</u> <u>怖い</u>
Sấm sét làm cho bé sợ.　（雷は赤ん坊を怖がらせる）
サ(ム)　セェッ　ラー(ム)　チョー　ベェー　ソッ

174

<u>物語</u>
Câu chuyện làm cho mọi người vui.

コウ　チュイエッ　ラー(ム)　チョー　モッ　ングオイ　ヴイー

（物語はみんなを楽しませる）

人間でないものが「〜させる」

⭐ 主語はモノ、コト

主語 ＋ khiến ＋人＋ 動詞/形容詞（モノ・コトが原因で）人に〜させる

<u>する</u>　<u>仕事</u>　<u>たくさんの</u>　　　<u>私</u>　<u>被る</u><u>病気の</u>
Làm việc nhiều khiến tôi bị ốm.

ラー(ム)　ヴィエッ(ク)　ニィエゥ　キヒエン　トーイ　ビッ　オーム

（働き過ぎで私は病気になった）

<u>嘘</u>　　　<u>〜の</u>　<u>あなた</u>　　　　<u>私</u>　<u>寂しい</u>
Lời nói dối của anh khiến em buồn.

ローイ　ノイー　ゾイ　クゥア　アィン　キヒエン　エ(ム)　ブオン

（あなたの嘘が私を寂しくする）

練習問題

単語を並べ替えて意味が通る文章を作りましょう。

(1) おばあさんは孫に勉強をさせた。

　　cháu（孫）, bà（祖母）, học（勉強する）, đã, cho

_____

(2) 私に手伝わせてください。

　　giúp（助ける）, hãy（〜してください）, tôi, để

_____

(3) 悲しい映画が彼らを泣かせた。

　　họ（彼ら）, khóc（泣く【哭】）, phim（映画）, khiến（〜させる）,
　　buồn（悲しい）

_____

答え

(1) Bà đã cho cháu học.　(2) Hãy để tôi giúp.　(3) Phim buồn khiến họ khóc.

175

Unit 33 仮定法

「～だったらなぁ」のように、実現しなかった過去、もしくは実現可能性の低い未来を表す仮定法には2種類の言い方があり、少し意味が違います。

Nếu ~ thì…	もし〜だったら、……する（単純な仮定）
Giá mà ~ thì…	〜だったら、……なのになあ（やや残念）

★ Nếu như、Giá như と言うときもあります。
★ あとに thì 節が続かない場合も多いです。

例文

Nếu tôi rảnh thì tôi sẽ đi chơi.
　私　　暇な　　　　私 will 行く 遊ぶ
ネウ　トーイ　ザァイン　ティー　トーイ　セェエ　ディー　チョーイ
（暇だったら遊びに行きます）

Nếu tôi có tiền thì tôi sẽ đi du lịch
　私　ある　お金　　　私 未来形 行く 旅行
ネウ　トーイ　コォー　ティエン　ティー　トーイ　セェエ　ディー　ズーリック

khắp thế giới.
everywhere 世界
クハップ　テー　ゾーイ
（もしお金があったら、世界中を旅行します）

Giá mà anh ấy về quê. （彼が故郷に戻ってくればなあ）
　　　　彼　　帰る　故郷
ザー　マァー　アイン　アイー　ヴェー　クエー

Giá như em học nhiều thì đã đỗ đại học tốt rồi.
　　　　あなた 勉強する　　　　受かる 大学　　良い
ザー　ニュー　エ(ム)　ホッ　ンニィエウ　ティー　ダアァ ドォオ　ダイ　ホック　トッ　ゾーイ
（いっぱい勉強していたら、あなたは良い大学に受かっただろうになあ）

> thì 節の主語は省略されることもあります。

176

「仮に」と言う場合

〔CD 2-43〕

実現可能性があることを言う場合は別な表現を使います。

$$\boxed{\text{Giả sử} + (\text{nếu / mà}) \sim, \text{thì...} \quad 仮に \sim だとしたら\cdots}$$

⭐ 後ろの節には thì 節を取ります。

建てる　家
Giả sử nếu xây nhà...
ザアァ スウゥ ネウ　サイー ニャー
（仮に家を建てるとしたら…）

前の項とは、「Gia」
に付いている記号が
違うのに注意！

君　　住む　　〜に
Giả sử em sống ở Tokyo...　（仮に君が東京に住むとしたら…）
ザアァ スウゥ エ(ム)　ソング オォ

私　間違い　　私　must　謝る
Giả sử mà tôi sai thì tôi phải xin lỗi.
ザアァ スウゥ マァー トーイ サイ ティー トーイ ファイ スィン ロオォイ
（仮に私が間違っているとしたら、謝罪しなければいけません。）

【練習問題】　ベトナム語に翻訳してみましょう。

（1）お金がたくさんあったらなぁ。

_____

（2）仮にあなたがベトナム人だとしたら……。

_____

（3）学生だったら米国に行けたのに。

_____

【答え】

（1）Giá mà tôi có tiền nhiều.　⭐ Giá mà は、Giá nếu や Giá như でも OK。
（2）Giả sử nếu bạn là người Việt...
（3）Nếu（như）tôi là học sinh thì tôi đã đi đến Mỹ.

---

1 文字と発音を学ぼう

2 基本単語を覚えよう

3 文法と会話

4 ビジネス

177

Unit 34 文末詞

ベトナム語では文章の最後に言葉（文末詞）を付け加えることで、意味を強調したり、敬意を表したりします。英語や日本語にはない習慣で外国人には分かりにくいにもかかわらず、ベトナム人はうまく説明してくれません。この章でしっかりと理解してください。

強調の文末詞は文の種類によって変わる

肯定文	mà
否定文	đâu
疑問文	đấy chứ（同意を求めるときによく使う）

例文

_{私 知る}
Anh biết mà. （分かっているよ）
アィン　ビエッ　マァー

_{私 過去形 否定 言う 何 全て}
Tôi đã không nói gì cả đâu. （私は何も言わなかったよ）
トーイ　ダアァ　コホン　ノォイ ズィー カー ドウ

_{年上女 いる どこ}
Chị ở đâu đấy? （どこにいるのさ？）
チッ　オー　ドウ　ダイー

_{あなた 吸う たばこ}
Bạn hút thuốc chứ? （たばこ吸うよね？）
バッ　フーッ　トゥオッ　チュー

―Ừ, tôi hút. / Không, tôi không hút.
ウー、トーイ フーッ　　コホン　トーイ　コホン　フゥーッ
（うん、吸うよ）（吸わないよ）

文末詞の語源

　文末詞の多くには語源があります。丸暗記するよりも、本来の意味を理解した方が忘れません。

■mà 「しかし」

　nhưng mà（でもね）は会話で最もよく使われる表現の一つです。肯定文の最後に付けることで、「なんで〜ないことがあろうか？」という反語表現になっているのです。

Anh biết mà（sao anh không biết）.　←隠れている部分

■đâu 「どこ？」

　否定文の最後に付けることで、「どこにも〜だという事実はない」という意味になるのです。

■đấy 「そこ」

　自分のいる「ここ」でも、遠い「あそこ」でもなく、比較的近くて見つけようと思ったら見つけやすい「そこ」だからこそ、「いったいどこにいるのさ？」「そこで何をやっているのさ？」という意味になるのです。

☆ その他の文末詞　典型的なフレーズ

ạ	（敬意）	【肯・否・疑】	Vâng ạ. ヴァン アッ	（かしこまりました）
à	（驚き）	【肯・否・疑】	Thế à. テー アッ	（そうなんだ）
nhé	（愛着、催促）	【肯・否】	Hẹn gặp lại nhé. ヘン ガッ ラッ ニエー	（またね）
nhỉ	（同意を求める）	【肯・否】	Vui nhỉ. リィ ーイー	（楽しいね）
thôi	（〜だよ）	【肯・否】	Chỉ đùa thôi. チー デュア トーイ	（冗談だよ）

★【 】内は付く文章。肯は肯定文、否は否定文、疑は疑問文。
★ nhé が nha、nhỉ が nhờ になるときがあります。

1 文字と発音を学ぼう

2 基本単語を覚えよう

3 文法と会話

4 ビジネス

Unit 35 ベトナム語会話のクセ

　ベトナム語の会話表現は書き言葉とはだいぶ違います。そのクセを覚えると、グッと通じやすくなります。

クセ① rất là + 形容詞

　rất は「とても」を意味する副詞であり、書き言葉では「rất＋形容詞」だ。これがなぜか会話ではほぼ「rất là + 形容詞」になる。英語にすれば「very is + 形容詞」だから、おかしな表現なのだが、ベトナム語会話ではほぼこうなる。

クセ② 困ったら thế thì

　thế thì は「ええと、すると、だから」の意味。ベトナム語で会話していて言葉が出てこなかったら、この言葉を使うと、それっぽく間が持つ。

クセ③ 頻出の逆接 nhưng mà

　書き言葉では単独で使う逆接を表すnhưng（しかし）だが、会話では必ずnhưng màと言う。ベトナム人は話があっちこっちに飛ぶ人が多いこともあり、この熟語は会話で非常によく出てくる。逆接を表す言葉ではtuy nhiên（しかしながら）もあるが、こちらはやや堅苦しい感じもあるので、nhưng màがお薦めです。

クセ④ 質問の答えは「第1、第2、第3」

ベトナム人が質問されたときは、「第1に」(thứ nhất または đầu tiên)、「第2に」(thứ hai)、「第3に」(thứ ba) と順を追って説明する人がとても多い。即答できる簡単な質問ではなく、意見を問われるような質問の場合によくこう言う答え方をする。

クセ⑤ 言えることは……

これも質問されたときの典型的な答え方。口火を切るときに、"Có thể nói là ~"（言えることは～）と言ってみよう。ベトナム人の言い回しがよく分かっている、と驚かれることだろう。

クセ⑥ 文末の luôn

luôn は luôn luôn と二つ並べて「いつも」の意味を持つ副詞だが、会話では単独で文末に付けることが多い。直訳では「すぐに」「いつも」のような意味があるのだが、文脈に応じてニュアンスが変わる。

例文

あなた　する　～ように　この　いつも
Anh làm như vậy luôn.　（あなた、いつもそうするね）
アィン　ラー(ム)　ニュー　ヴァイッ　ルオン

君　帰る　オフィス　すぐ
Em về văn phòng luôn.　（君、すぐオフィスに戻りな）
エ(ム)　ヴェー　ヴァン　フォン　ルオン

Unit 36 実践会話集① タクシーにて

実際の場面を想定した会話集です。まずは言い回しを覚え、その後で音声をよく聞きながら、正しい発音を耳から学んでください。

Lái xe: Xin chào. Anh đi đâu <u>đấy</u>? 　đấyは疑問の文末詞

Khách(đàn ông): <u>637 (sáu trăm ba bảy)</u> Kim Mã. Nhanh lên được không?
番地は「何百＋数字＋数字」

Lái xe: Vâng ạ. <u>Nhưng mà</u> có thể có tắc đường một chút.
　　　　　　　　= But

Khách: (đến nơi) Em ơi. <u>Hãy</u> dừng lại gần góc đó.
　　　　　　　　　　　= Please

Lái xe: Dạ vâng. Cảm ơn anh. Giá là <u>120,000 (một trăm hai mươi nghìn)</u>.
価格、料金等にほとんどドンは付けません

Khách: Cho anh <u>hóa đơn</u> nhé.

Lái xe: Vâng ạ. <u>Tiền thừa</u> là 30,000 (ba mươi nghìn).

Khách: Em hãy giữ lại tiền thừa.

【訳】
運転手： こんにちは。どちらまでですか？
客(男性)：キンマー通り637番地まで。急いでくれるかい？
運転手： かしこまりました。ただ、少し渋滞があるかもしれません。
客： （到着）運転手さん、そこの角のあたりで停めて。
運転手： かしこまりました。ご乗車ありがとうございます。料金は12万ドンです。
客： 領収書ちょうだいね。
運転手： はい、分かりました。おつりは3万ドンです。
客： いいよ、取っといて。

182

注意点
- 会話では読みのカタカナは書きません。(※カタカナ発音に慣れてしまうと、通じないベトナム語が定着してしまいます)
- 色下線は複数の単語で表す単語（※ベトナム語では「単語」といいながら、複数の語で表現するものが多いからです）です。「語句チェック」で意味を確認してください。
- 黒い下線部分は、意味や文法事項のヒントがあります。

✓ 語句チェック

đi	行く	đâu	どこ
nhanh lên	急ぐ	tắc đường	渋滞
một chút	少し	dừng lại	止まる、止める
gần góc đó	角の周辺	giá	代金
hóa đơn	領収書	tiền thừa	おつり
Vâng ạ.	かしこまりました。	giữ lại	保留する、とどめる

☆ タクシーに関する注意

- 東南アジアでは手を横か下に出して止めます。日本のように手を上に上げても止まりません。

- ベトナムは「番地＋通り名」をしっかりと言わないと運転手は理解しません。しかし、通り名の発音が初心者には難しいので、スマホ等で画面を見せるのが一番安全です。

- いわゆるぼったくりのタクシーがいないことはありませんが、大した金額にはならないことが多いです。小型の安いタクシー会社は運転手、車ともに質が低いので、多少高くても大手のタクシー会社を利用することをお勧めします。

市街地は流しのタクシーが多い

- ベトナムにはバイクタクシーがたくさんいますが、転んだら大事故につながるということを肝に命じて利用してください。

Unit 37 実践会話集② レストランにて

Nhân viên: Kính chào quý khách. Chị đi bao nhiêu người?

> 「何人様？」は「何人で行く？」と聞く

Khách (phụ nữ): 3 người. Có phòng riêng không?
= Ba

Nhân viên: Em xin lỗi. Rất tiếc là hiện tại hết rồi.

> hết rồiは「もうなくなった」という意味の頻出表現

Khách: Không sao. Cho chị xem thực đơn.

> <cho 人 + 動詞 >は「人に～させてください」

Nhân viên: Dạ vâng. Đây ạ.

Khách: Món ăn ngon nhất ở đây là gì? Chúng tôi không thích món ăn cay.

> món ăn ngon nhấtで「一番おいしい料理」

Nhân viên: Vâng ạ. Theo em bánh cuốn phổ biến nhất.
= 蒸し春巻

Khách: Thế à. Thì chị chọn 2 (hai) bánh cuốn và 1 (một) phở bò. Trước hết cho chúng tôi 3 (ba) bia nhé.

> Trước hếtの語源は「どんなものよりも前に」

【訳】
店員：　　いらっしゃいませ。何人様ですか？
客(女性)：3人よ。個室はないかしら？
店員：　　申しわけありません。残念ながら現在全て埋まっております。
客：　　　まあいいわ。メニュー見せて。
店員：　　かしこまりました。こちらです。
客：　　　この店で一番おいしい料理はどれ？ 私たちは辛い料理は好きじゃないわ。
店員：　　はい、分かりました。私の意見ではバインクオンが一番人気があると思います。
客：　　　あらそう。じゃ、バインクオン2つと牛肉入りフォーを1つちょうだい。まずはビールを3つ持ってきてね。

✅ 語句チェック

Kính chào quý khách.	いらっしゃいませ。	bao nhiêu	いくつ、何人
phòng riêng	個室	tiếc	残念な
hiện tại	現在	hết	なくなる、終わる
không sao	問題ない	thực đơn	メニュー
món ăn	料理	chúng tôi	私たち
thích	好む	cay	辛い
theo	～によると	phổ biến	人気がある
Thế à.	そうですか。	chọn	選ぶ
trước hết	まず第一に	bia	ビール

☆ レストランに関する注意

■麺料理 phở を頼むときは「フォー」と言っても絶対通じませんので、「ファオウォ」と言いましょう。

■ベトナムのレストランは残った料理を持ち帰れますので、Mang về được không?（持ち帰れますか？）と聞いてみましょう。

■「パクチーなし」は Đừng cho rau thơm vào.、「にんにく多め」は Thêm nhiều tỏi.

■お会計は tính tiền ですが、後ろに cho anh（chị, em, bác...）を添えましょう。ぶっきらぼうさが消え、親しみが出ます。

ベトナム料理を楽しむ筆者の家族

Unit 38 実践会話集 ③ 病院にて

Bác sĩ: Hôm nay chị thấy thế nào rồi?
=今日

「感じる」はthấy、「罹患する」はbị

Bệnh nhân (phụ nữ): Vâng, tôi bị sốt và đau họng.

Bác sĩ: Chị bị từ khi nào? Và sốt bao nhiêu độ?

Bệnh nhân: Tôi bị từ tối qua, sáng nay sốt 39 độ.
=昨晩　=今朝

Bác sĩ: Ngoài ra có biểu hiện gì khác không?

Bệnh nhân: Tôi thấy đau bụng và không thèm ăn gì cả. Cũng bị ho nhiều. Tối qua tôi không ngủ được.
=also

Bác sĩ: Chắc là chị bị cảm. Tôi sẽ kê thuốc cho chị, chúc chị mau khỏi bệnh.

【訳】
医師：きょうはどうしました？
患者（女性）：はい。熱があって、のどもすごく痛いんです。
医師：いつからですか？熱は何度くらい？
患者：昨日の夜からです。熱は今朝39度ありました。
医師：ほかに何か症状はありますか？
患者：おなかが痛くて、食欲がありません。咳もひどいです。昨晩はほとんど眠れませんでした。
医師：風邪ですかね。薬を出しておきますから、お大事にしてください。

✅ 語句チェック

thế nào	いかが？	bị sốt	熱が出る
đau họng	のどが痛い	khi nào	いつ
độ	（温度の単位）度	ngoài ra	それ以外で
biểu hiện	症状	khác	ほかに
đau bụng	腹痛	thèm ăn	食欲がある
bị ho	咳が出る	ngủ	寝る
chắc là	恐らく〜でしょう	bị cảm	風邪
kê thuốc	薬を処方する	chúc	願う、祝う
mau	早く	khỏi bệnh	病が回復する

☆ 病院に関する注意

■ベトナムでは救急車（xe cấp cứu）は有料です。数千円に満たないらしいですが、一般的にはあまり利用されていないようです。

■市民病院などでは窓口で賄賂を渡さないと順番がなかなか回ってこない、といったこともあり、保健省は改革を急いでいます。

■ベトナムの一般市民は街中にある薬局（nhà thuốc）を使う人が多いです。処方箋なしでいろいろな薬が買えるので便利と言えば便利ですが、副作用の危険性はあります。

過労で点滴を受ける筆者

Unit 39 実践会話集④ ショッピング

Nhân viên bán hàng: Xin chào. Anh có muốn thứ gì đó không?
　　　　　　　　　　　　　　　　　　　　　thứ gì đó は「何か」

Người du lịch (đàn ông): Ừ, anh muốn mua áo dài cho vợ anh.
　　　　　　　　　　　　= yeah

Nhân viên: Cô ấy thích màu gì?

Người du lịch: Màu đỏ thì tốt hơn. Áo dài này là bằng lụa, đúng không?
　　　　　　　　　　　　　　　　đúng không は付加疑問文「でしょ？」

Nhân viên: Vâng ạ. Loại lụa 3 triệu VNĐ.
　　　　　　　　　　　　　　　　=百万

Người du lịch: Đắt quá. (Có thể) giảm giá được không?
　　　　　　　　=高すぎる　　　　giảm giá は「割り引く」「値下げ」

Nhân viên: Nếu anh mua hai bộ, giảm giá 30% cho anh.
　　　　　　　= If　　　　　　　　　　= ba mươi phần trăm

【訳】
店員：　いらっしゃいませ。何かお探しですか？（直訳：何か買いたいですか？）
旅行者（男性）：うん。妻にアオザイを買いたいんだ。
店員：　奥様は何色がお好きですか？
旅行者：赤がいいかな。これは絹製でしょ？
店員：　はい、そうです。絹製は1着300万ドンになります。
旅行者：高いね。割引してくれない？
店員：　2着お買い上げいただければ、30％割引いたします。

188

✅ 語句チェック

nhân viên	店員、人員	muốn ❖ muốn mua ＝買いたい	欲しい、〜したい
áo dài	アオザイ ❖直訳は長い服	thích	好き、好む
màu gì	何色	màu đỏ	赤
loại	種類	lụa	絹
đắt	値段が高い	bộ	〜着、セット

☆ ショッピングに関する注意

■ 旧市街など観光客が多い場所では英語が通じることが多いですが、市場、田舎などではほぼ通じません。Bao nhiêu tiền?（いくら？）と金額をたずねる表現は早めに覚えましょう。

■ ベトナムドンは桁が多いので、1,000の単位以上しか言わないことがあります。30万ドン（＝300,000ドン）だったら、「300」（ba trăm）となります。また、お店の広告では300Kと書いてあるのは千倍を示す「キロ（kilo）」のKです。

■ しきりに割引を迫る日本人観光客をよく見かけますが、ベトナムでは1日1,000円にも満たない低賃金で働いている人が多いです。お土産品の多くは少数民族、農民の貴重な現金収入の源ですから、国際貢献でもしたつもりで太っ腹で買ってあげてはいかがでしょうか？

割引要求ははとはとに

Unit 40 実践会話集 ⑤ 道を尋ねる

Người du lịch (đàn ông): Chị ơi. Chị có biết Nhà hát Lớn không?

> 相手の年齢に関係なく、年上の人称代名詞を使う

Người đi bộ (phụ nữ): Em biết. Khoảng 5 phút từ đây.

Người du lịch: Làm ơn cho tôi biết cách đi ạ.

> <Làm ơn cho tôi + 動詞>は「〜していただけますか」という非常に丁寧な言い方

Người đi bộ: Đi thẳng 500 (năm trăm) mét sau đó rẽ trái.
=真っすぐ

Người du lịch: Cảm ơn chị. Hồ Hoàn Kiếm là gần đó?
=ホアンキエム湖

Người đi bộ: Đúng ạ. Anh có thể đi bộ được khoảng 3 phút.

> 女性は1つめのセリフで自分を年下のemと言い、相手には年上のanhと呼んで敬意を表している

Người du lịch: Tôi thực sự cảm ơn chị. Tạm biệt chị.

【訳】
旅行者（男性）：すみません。オペラハウスをご存じですか？
歩行者（女性）：はい、知っていますよ。ここから5分くらいですね。
旅行者：行き方を教えていただけますでしょうか？
歩行者：500メートル真っすぐ行って、その後左に曲がります。
旅行者：ありがとうございます。ホアンキエム湖も近いんですか？
歩行者：その通りです。歩いて3分くらいですよ。
旅行者：本当に感謝します。ありがとうございました。

✅ 語句チェック

biết	知っている	Nhà hát Lớn	オペラハウス ❖直訳は大きな歌の家
khoảng	およそ、大体	phút	分 ❖秒は giây
sau đó	その後	rẽ trái	左に曲がる ❖右は phải
gần	【近】近い	đó	そこ
đúng	正しい	đi bộ	歩いて ❖ được が後に続いて、「歩いて行ける」という意味になる。
thực sự	【実事】本当に	tạm biệt	【暫別】さようなら

☆ 道を尋ねるときの注意

■ベトナム人（東南アジア全般）は地図を見るのが得意ではありません。ただ、知らなくても「知らない」と言いたくないようで、適当に教えることがよくあります。複数の人に聞いて、情報の裏を取るようにしてください。

■何かを相手に尋ねる場合、相手が年下でも敬意を表すために、anh / chị など年上の人称代名詞を使います。会話の中で人称代名詞が変わって（※こちらが chị で呼んでいるのに、相手は em と自分を呼ぶなど）、ややこしい感じになりますが、相手を思いやるベトナム文化だと思ってください。1人称は万能の Tôi が無難です。

■「さようなら」は本会話では Tạm biệt. を使いましたが、これは相手がよく知らない人だからです。この言葉は「もう会わない」というニュアンスが強く出てしまうので、友達、職場の同僚などには Hẹn gặp lại. (またね) を使いましょう。

趣のあるハノイの旧市街

Unit 41 実践会話集⑥ 物をなくす

Sếp: Ôi giời ơi. Anh không thể tìm thấy hộ chiếu được. Em có giúp anh được không?

> Ôi giời ơi（なんてことだ）は非常によく使う

> nhìn thấy も thấy も同じ「見る」の意味。ベトナム人は1語での表現を好む

Cấp dưới(phụ nữ): Vâng ạ. Anh có nhớ lần cuối anh nhìn thấy hộ chiếu không?

Sếp: Chắc chắn anh đã thấy khi rời khỏi nhà mà.
= when

> Chắc chắn は「確かに」の意味で、確実度が高い場合に使う

Cấp dưới: Có thể anh đã mất ở đâu đó. Anh đã đi đâu trước đây?
=〜かもしれない

Sếp: Anh đã đi đến trung tâm mua sắm.

Cấp dưới: Em sẽ gọi trung tâm mua sắm đó, đại sứ quán và cảnh sát luôn.
=〜するつもり
=すぐに

Sếp: Cảm ơn em. Anh cũng sẽ tự tìm một lần nữa.

【訳】
上司：あー、なんてことだ。パスポートが見つからないよ。探すの手伝ってもらえるかい？
部下（女性）：はい、分かりました。最後にパスポートを見たのはいつか、覚えていますか？
上司：確かに、家を出るときに見たんだよ。
部下：どこかでなくしたのかも知れません。ここに来る前にどちらに行かれましたか？
上司：ショッピングセンターに行ったよ。
部下：そのショッピングセンターと大使館と警察にすぐ連絡しますね。
上司：ありがとう。もう一度自分でも探してみるよ。

✅ 語句チェック

tìm thấy	発見する、見つける	hộ chiếu	パスポート
giúp	助ける、手伝う	nhớ	覚えている
lần cuối	最後	nhìn (thấy)	見る、視認する
rời khỏi	出る、離れる	mà	すでに
mất	なくす、なくなる	ở đâu đó	どこか
trước đây	ここの前	đi đến	～へ行く
trung tâm mua sắm	ショッピングセンター	gọi	電話する
đại sứ quán	大使館	cảnh sát	警察
tự ＋動詞	自ら～する	một lần nữa	もう一回

☆ 物をなくしたときの注意

■ 物をなくしたら、まずはベトナム人の知り合いに相談しましょう。警察はたくさんいますが、公安警察、交通警察、機動警察など細かく分かれており、日本の警察のような対応はしてくれません。

■ ベトナムは東南アジアの中ではシンガポールに次いで治安が良いです。ただ、ひったくり、窃盗などは増えており、最大の商都、ホーチミン市では特に注意が必要です。

■ 警察、役所などに相談するときはよほどの自信がある人を除き、日本語が分かるベトナム人といっしょに行きましょう。

いろいろな種類の警察がいる

（→SOSの表現集は巻末　p. 222参照）

Unit 42 実践会話集 ⑦ 電話をする

Anh Dung（công ty Nguyễn Việt）: **A lô.**
＝Hello.

> A lô（アーロー）と言うと、相手がベトナム語を話すと認識してくれる

Chị Linh（công ty Fuji）: **A lô, công ty Fuji xin nghe.**
＝株式会社

Dung: **Tôi là Dung ở công ty Nguyễn Việt, tôi muốn nói chuyện với anh Yamada trưởng phòng được không?**

> cho tôi gặp với ~（~さんと会わせて）もよく使う

Linh: **Rất tiếc là anh Yamada đang đi công tác.**

Dung: **Vậy à, bao giờ (thì) anh ý đi công tác về ạ?**

> vậy à（そうですか）は頻出

Linh: **Thứ ba tuần sau sẽ về. Anh có muốn nhắn lại gì không ạ?**

> 文末詞 à は同意で、a は敬意

Dung: **Không. Nếu được tôi muốn liên lạc qua điện thoại di động cho anh ấy.**

Linh: **Vâng, để tôi xác nhận và sẽ liên lạc lại với anh sau nhé.**
＝後ほど

【訳】
Mr. ズン（グエン・ヴェト社）：もしもし。
Ms. リン（富士社）：はい、株式会社富士でございます。
ズン：私はグエン・ヴェト社のズンと申します。山田部長とお話したいのですが。
リン：あいにく、山田は出張に出ております。
ズン：そうですか。いつお戻りになる予定ですか？
リン：来週の火曜日です。何か伝言を承りますか？
ズン：いいえ。可能なら、直接携帯電話にご連絡を差し上げたいのですが。
リン：はい。確認したうえで、後ほどご連絡いたします。

194

✅ 語句チェック

xin nghe	（お話を）うかがいます	muốn＋動詞	〜したい
nói chuyện	話す	với 〜	〜と
trưởng phòng	部長	tiếc	残念だ
đi công tác	出張する	bao giờ	いつ
ý	【意】意向である	về	戻る、帰る
Thứ ba	火曜日	tuần sau	来週
nhắn lại	伝言	liên lạc	【連絡】連絡する
qua 〜	〜を通して	điện thoại di động	携帯電話
để tôi 〜　〜させて ❖ để anh ấy ＝ 彼にさせて		xác nhận	確認する

☆ 電話をするときの注意

■ ベトナム人はただでさえ、外国人のベトナム語を聞き取ってくれないので、電話では非常に通じにくいです。

■ ベトナム人は外国人のために、ゆっくり話してくれたりはしませんので、hãy nói chậm（ゆっくり話してください）とお願いしましょう。

■ その他の鉄板フレーズは Anh（Chị）có thể nói tiếng Anh được không?（英語話せますか？）、Vui lòng gửi e-mail cho tôi.（メールで送ってください）、Tôi không hiểu tiếng Việt.（ベトナム語分かりません）など。

バイクスマホはベトナムの日常

Unit 43 実践会話集 ⑧ 商談にて

Anh Nagata (công ty Tokyo Shoji): Anh có thể hạ giá thêm một chút nữa các sản phẩm được không?

> thêm, nữa は同じような意味だが、2つ同時に使うことで意味を強調

Anh Bình (công ty FPP): Vâng, anh muốn hạ giá khoảng bao nhiêu phần trăm?

Nagata: Nếu được thì 20% (hai mươi phần trăm).

> Nếu được thì ~（もし可能なら～）はよく使う

Bình: Có vấn đề gì với chất lượng hay không hài lòng không ạ?
　　　　　　　　＝〜に
> chất lượng は工業製品、農産品共に使う

Nagata: Thật ra có sản phẩm tương tự của công ty đối thủ. Rất rẻ mà.
　　　　　　　　　　　　　　　　＝会社

Bình: Vậy à. Nhưng mà tôi nghĩ chất lượng sản phẩm của chúng tôi tốt hơn.
　　　　　　＝しかし　　　＝思う
　　　＝よりよい

Nagata: Vâng, tôi cũng nghĩ thế. Nhưng mà chúng tôi phải cắt giảm chi phí nhiều hơn.

【訳】
Mr. 永田（東京商事）：御社製品の値下げをもう少しお願いしたいのですが。
Mr. ビン（FPP社）：はい。何％ほどの値下げをご希望でしょうか？
永田：可能ならば20％。
ビン：製品の品質に問題があったか、何かご不満でも？
永田：実はライバル社の似たような製品が出てきました。とても安いんですよ。
ビン：そうですか。でも、品質は弊社のもののほうが良いと思いますが。
永田：はい。私どももそう思うのですが、経費削減をさらに進める必要がありまして。

✅ 語句チェック

hạ giá	割引/値下げする	thêm	さらに、もっと
một chút	少し	nữa	もっと
sản phẩm	製品	phần trăm	パーセント
vấn đề gì	何かの問題	chất lượng	品質
hay	または ※hoặcも同義	hài lòng	満足した
Thật ra	事実として、実は	tương tự	似たような
đối thủ	競合の	rẻ mà	値段が安い
cũng	〜も	cắt giảm	削減する

☆ 商談のときの注意

■全ての商談をベトナム語でこなすようになるのは難しいと思いますが、少しでもベトナム語を交えると相手は心を開いてくれるはずです。

■商談の場合は年齢は関係なく、相手には年上の人称代名詞を使う。自分は万能の1人称Tôiを使う。

■ベトナムでは商談の後の食事、飲み会のほか、イベントがやたらに多い。乾杯を何度もやるので、弱い人はつぶされてしまう。音頭は「1、2、3 (một, hai, ba) ヨー」か「健康を祝って (chúc sức khỏe)」が多い。

商談はベトナム語を試すチャンス

Unit 44 実践会話集⑨ 言葉が通じにくいとき

Người Nhật (đàn ông): Hello. Chị có thể nói tiếng Anh được không?

　　　「英語が話せますか？」は暗記しましょう

Người Việt (phụ nữ): …? Anh nói gì? Em không hiểu.

Người Nhật: Tiếng Việt của tôi chưa tốt nên tôi đang tìm người có thể nói tiếng Anh hoặc tiếng Nhật được.

　　　「下手だ」は chưa tốt で、không tốt とは言わない（将来良くなる可能性があるから）

Người Việt: Thế à. Nhưng không có người như thế gần đây.
　　　　　　　　　　= But

Người Nhật: OK. Tôi cố gắng giao tiếp bằng tiếng Việt thì hãy cố gắng để hiểu tôi nhé.

　　　hãy cố gắng để hiểu「理解するように努力してくれ」は便利なフレーズです

Người Việt: Tất nhiên mà. Em cũng sẽ nói chậm rãi cho anh.

【訳】

日本人（男性）：ハロー。あなたは英語話せますか？

ベトナム人（女性）：……？ 何話しているの？ 分からないわ。

日本人：私のベトナム語はまだ良くないので、英語か日本語を話せる人を探しているんです。

ベトナム人：そうなんだ。でも、近くにそんな人いないわ。

日本人：オーケー。ベトナム語でコミュニケーションするように努力するので、私を理解するように努力してもらえますか？

ベトナム人：もちろんよ。私もあなたのためにゆっくりと話すわね。

✅ 語句チェック   CD 2-63

tiếng Anh	英語	tìm	探す
hoặc	または	tiếng Nhật	日本語
như thế	そのような	gần đây	近くに、最近
cố gắng	頑張る、努める	giao tiếp	交流する、コミュニケーションする
tất nhiên	もちろん	chậm (rãi) ❖1語で言うことも多い	ゆっくり

☆ 言葉が通じにくいときの注意

■ベトナム語は基本的に通じにくい言語です。下手でも、通じなくても、諦めずに話しかけることが極めて重要です。

■ベトナム人は外国人がベトナム語を話すなんて夢にも思っていませんので、"Xin chào."でもなんでもいいので簡単なベトナム語を最初に言い、「これからベトナム語を話すぞ」と相手に理解させると通じやすいです。

記者会見でベトナム語で質問する筆者
（国営VTVニュースから）

■ベトナム語の単語が分からないときは英語でも結構通じます。基本は語末を上げる感じで、長音は短くします。例えば、「order（注文する）→ơ đâ」、「manager（管理者）→ma nì ja」など。

1 文字と発音を学ぼう
2 基本単語を覚えよう
3 文法と会話
4 ビジネス

Unit 45 実践会話集⑩ 日本語学校にて

Cô giáo: Đến đây các em còn câu hỏi gì nữa không?
<small>「名詞+gì」は「何か〜」を聞く定番フレーズ</small>

Học sinh: Cô ơi, em không hiểu chương 3 (ba) ạ.

Cô giáo: Chỗ này hơi khó hiểu. Tuần sau cô sẽ giảng thêm nhé.

Học sinh: Cô có tài liệu nào dễ hiểu không ạ?
<small>dễ+動詞は「〜しやすい」khó+動詞だと「〜が難しい」</small>

Cô giáo: Cô sẽ gửi e-mail cho mọi người tài liệu có viết những điểm chính.
<small>nhữngの次には複数名詞がくる。nhưng (しかし) と似ているので注意</small>

Học sinh: Vâng, em cảm ơn cô. Em sẽ tự học ở nhà.

【訳】
先生：ここまでで何か質問はありますか？
学生：先生、3章が分かりません。
先生：ここは少し分かりにくいわね。来週、補講をやりましょうね。
学生：何か分かりやすい資料はありませんか？
先生：ポイントを書いた資料をみんなにメールで送るわね。
学生：はい、先生ありがとうございます。家で自習します。

ベトナム人が授業中に質問したいときは右腕を真横にして机において左腕を垂直に上げます。声は出さず、先生が気づいてくれるまで待ちます。

✅ 語句チェック

Đến đây	ここまで	các	【各】おのおの
còn	まだ	câu hỏi	質問
nữa	もっと、さらに	hiểu	理解する
chương	【章】章、チャプター	Chỗ này	ここ
khó	難しい	giảng	講演、授業
thêm ❖「加える」の意味もある。	追加の	tài liệu	資料
dễ	簡単、たやすい	gửi	送る
điểm chính【点正】要点		tự học ❖ tự＋動詞で「自分で〜する」	自習する

☆ 日本語を教えるときの注意

■ベトナムには日本語学習者が多数おり、日本語学校もたくさんあります。ボランティアでも教えるチャンスは多いです。

■ベトナム人は「つ」や「や」(※北部の人)を発音しにくいです。ベトナム語を理解するとベトナム人の発音の癖が分かってくるので、日本語教師をめざす人にはぜひベトナム語を学んでほしいです。

■日本語検定のN1、N2を持っている人ならはかなり高度なコミュニケーションが取れます。ベトナム語を学び、日本語を教えられるような友達を作れれば、お互いの語学力は飛躍的に向上することでしょう。

ベトナムの日本語学校、盲学校に多額の寄付をして、支援を続ける歌手の杉良太郎さん

第 4 章

ビジネス

ベトナム語をビジネスで役立てたり、
情報収集するための IT 活用術をまとめました。
商談や飲み会の場ですぐに使える表現も集めました。
ぜひ活用してください。

Unit 46 ベトナム語をビジネスに役立てる

　ベトナム語をせっかく勉強しているのですから、ぜひビジネスに役立ててください。ベトナム語で相手と商談できたら格好いいと思いませんか？ ただ、ハードルが高い言語ですので、英語のようにはいかないと思います。そこで2つの鉄則を覚えておいてください。

> **ベトナム語をビジネスに役立てる2つの鉄則**
>
> ① IT（翻訳サイト、アプリ）を活用する
> ② 短い常套句（決まった言い回し）を覚える

　①に関して、「日本人向けのベトナム語教育用のサイト、アプリ」を探すよりも、「ベトナム人向けの日本語教育用のサイト、アプリ」を探したほうが効率的です。

　なぜなら、日本語を学んでいるベトナム人は大勢おり、IT大国のベトナムには日本語を学ぶベトナム人用のサイト、アプリがたくさんあるからです。「日本語を学ぶベトナム人」と「ベトナム語を学ぶ日本人」はサイト、アプリを共有できるのです。

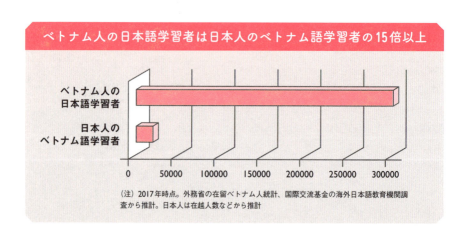

ベトナム人の日本語学習者は日本人のベトナム語学習者の15倍以上

（注）2017年時点。外務省の在留ベトナム人統計、国際交流基金の海外日本語教育機関調査から推計。日本人は在越人数などから推計

☆ おすすめの便利サイト、アプリ

`サイト`

Google 翻訳　https://translate.google.co.jp/

　ざっくりと訳すのにとても便利。予測変換機能があるので、母音の記号、声調が書いていなくても候補の単語が出してくれる。ただし、基本は単語の直訳なので間違いが多い。単語を丁寧に検証する必要がある。「ベトナム語→英語」または「英語→ベトナム語」の正確性が比較的高い。音声読み上げ機能も便利で、北部標準語発音で読み上げてくれる。アプリ版もある。

Từ điển ABC　http://www.tudienabc.com/

　日本語、英語、ベトナム語に対応しており、例文も豊富。これが無料で利用できるなんて信じられないくらい高いクオリティです。ただ、きっちりとベトナム語を入力しないと予測変換してくれません。英語風に入力する〝なんちゃってベトナム語〟では使いこなせません。

Vdict.com　https://vdict.com/

　英語、フランス語に対応しているほか、越一越辞典があるので、ベトナム語の単語の意味を深く知りたいときに役立つ。上級者向け。

ベトナムチューノム(chữ Nôm)保存会
http://www.nomfoundation.org/

　ベトナム語の語源となっている漢字（チューノム）を検索することができる。漢字からベトナム語を検索することもでき、語彙力がグッと広がる。上級者向けだが、使いこなせると非常に便利。

1 文字と発音を学ぼう

2 基本単語を覚えよう

3 文法と会話

4 ビジネス

アプリ

いずれも、スマートフォン（iPhone/Android）、iPad で使用可能ですが、対応機種については、App Store、Google Play でご確認ください。

Jdict

オフラインでも使える日越・越日辞典。単語を入力すると例文、熟語、語源となった漢字の紹介もしてあり、非常に使いやすい。立ち上がりも早いので瞬時に検索できる。ベトナム語の語源となっている漢字も示してくれるので暗記しやすい。

Nhật Việt dict

ときどき大音量の広告が入るのがうざいが、語彙数はこちらの方が多い印象。音声読み上げ機能が付いており、一応の発音は分かる（Google 翻訳よりは劣る）。例文も豊富。

Mazii

関連する熟語・文章（câu）、文法（ngữ pháp）が検索できるので実に便利。一つの単語をフックにして語彙を広げることができる。

注意

サイト、アプリのご利用は読者ご自身の判断で使ってください。筆者はいずれも自分で使ってみた感想を本書で紹介しておりますが、それが全てを保証するわけではありません。また、IT分野は日進月歩でサービスが変わりますので、有料になったり、内容が変わったりすることはあり得ます。サイト、アプリの利用によって何らかのトラブル、損害が生じたとしても、筆者は責任を負いかねます。

杉良太郎さんの日本語学校

ハノイ中心部にある「ヌイチュック杉良太郎日本語センター」は俳優、歌手の杉良太郎さんが私財を投じて1991年に設立した日本語学校だ。2018年現在はベトナムに約220校もの日本語学校があるが、当時はほとんどなかった。

杉良太郎さんと筆者
（2017年1月、ハノイにて）

日本語学校設立のほか、盲学校や児童養護施設なども長年支援し続け、毎年のように訪問している。取材で何度か訪問する様子を見たことがあるが、たくさんの段ボール箱に菓子や文房具を詰め、杉さん自ら手渡していた。ベトナムの孤児たちを里子にもしており、150人以上の〝子供〟がいる。

「なぜそこまでベトナムに奉仕するのか？」と失礼ながら取材で質問したことがある。杉さんは「80年代に初めてベトナムに来たとき、貧しさに衝撃を受けた。そのとき会った1人の孤児の少女に『お菓子なんかいらない。お父さんとお母さんがほしい』と言われたことがきっかけの一つです」と話していた。

杉さんの思いは日本とベトナムの深い交流という形で結実した。杉さんは2008年、日本ベトナム特別大使に就任し、ベトナムでも有名人だ。

私がベトナムを愛し、ベトナムのたくさんの記事を書き、ベトナム語の本まで書いた原動力の1つは杉さんである。杉さんのような人間になりたい、と心から思う。

Unit 47 ベトナム語でメールを書いてみよう

　ITスキルがない、英語に自信がない、などと嘆かないでください。スマホが使える程度の最低限のITスキルと中学生レベルの英語力があれば、十分に文章の校正ができます。
　手順を追っていっしょにやってみましょう。

手順

---

❶ Google翻訳で英語をベトナム語に訳す。

I will go to HCMC to meet my girlfriend next weekend.
（私は来週末、彼女に会うためにホーチミン市に行く）

Tôi sẽ đến TP HCM để gặp bạn gái của tôi vào cuối tuần tới.

---

❷ サイト、アプリを参照しながら、おかしな点を直していく。

Tôi → 相手が目下の場合は anh/ chị、目上の時は em に直す。
đến → 「来る」のニュアンスが強いので、「行く」の đi にする。
cuối tuần tới → cuối tuần sau（＝あと、次の）の方が一般的。

---

❸ 修正点を反映し、再度Google翻訳でベトナム語を英語に訳して確認。

Anh sẽ đi TP HCM để gặp bạn gái của anh vào cuối tuần sau.

He will go to HCMC to meet his girlfriend next weekend.
※Google翻訳ではなぜか「Anh」を「He」と訳しますが、無視

ベトナム語サイト、アプリの例文をよく読もう！

　ベトナム人が作ったサイト、アプリに載っている日本語、英語は怪しい訳も多いですが、**ベトナム語はネイティブなので当然完璧**です。それを参考にしながら、ベトナム語っぽい表現に修正すれば、レベルの高いベトナム語が書けるようになるのです。

ビジネスメールの実例

Cộng hòa xã hội chủ nghĩa Việt Nam
ベトナム社会主義共和国

Độc lập-Tự do-Hạnh phúc
独立-自由-幸福

※国家への忠誠を示す一文を添える。相手がベトナム企業ならば書いた方が無難

ĐƠN ĐẶT HÀNG
注文書

拝啓
Kính gửi, Quý Công ty Nikkei Garment & Textile.
拝啓：日経ガーメント＆テキスタイル様

我々(弊社)
Chúng tôi: Công ty May mặc hàng xuất khẩu MỘT THẾ GIỚI, xin gửi
　　　　　　　　　　　ご挨拶　　　　敬意　　　協力
tới quý Công ty lời chào trân trọng và hợp tác.
私ども：輸出用縫製品の製造会社、ワンワールドは貴社の日ごろのご協力に対する敬意とご挨拶を
申し上げたいと思います。

　　　　　　　　　　　　　　貴社
Chúng tôi được biết quý công ty là một công ty chuyên cung cấp
原料　　　　　　　　　　　　　　　　ある　評判
nguyên liệu dệt may lớn và có uy tín cho các đối tác doanh nghiệp
Việt Nam.
私どもは貴社が縫製関係の原料を供給する専門の大手企業でベトナム企業の取引先から評判がよい
ことを知りました。

　　　　　　　　　　　　　　　　　　　　　供給する(商品を卸す)
Chúng tôi cũng được biết quý công ty hiện đang cung cấp nguyên
　　　　　　　　　　　　　から　日本
liệu vải thô có xuất xứ từ Nhật Bản và đây là loại nguyên liệu mà
chúng tôi cần.
また、貴社が、私たちが必要としている日本製の輸出用の高級布地などの原料を現在取り扱ってい
るということも知りました。

　　　　　　　　　　　現在進行形　　　　　　およそ
Hiện chúng tôi đang cần nhập khoảng 100 tấn nguyên liệu vải thô
mà quý công ty đang cung cấp cho đơn hàng của chúng tôi trong
tháng 8/2017.
現在私どもは約100トンの布地の原料を必要としており、2017年8月に私たちの注文に基づいた原
料の供給をしようとしていることと思います。

---

1 文字と発音を学ぼう

2 基本単語を覚えよう

3 文法と会話

4 ビジネス

Vì vậy chúng tôi gửi thư này cho quý công ty với mong muốn quý
công ty có thể gửi báo giá, số lượng đơn hàng, thời gian và điều kiện
giao hàng cho chúng tôi sớm nhất có thể để chúng tôi cân nhắc hợp
tác với quý công ty.

<small>です から</small> <small>してほしい</small>

ですから、私どもは貴社に対し、価格、供給可能な総量、最短の納入時期、その他の条件等を改めてご提示頂ければ、貴社との協力を考慮するものであります。

Do hiện đơn hàng của chúng tôi đang rất gấp gáp nên kính mong
quý công ty   phản hồi   cho chúng tôi sớm.

私どもが受けている注文もとても緊急性が高いので、お早めにご返信頂ければありがたく存じます。

Trân trọng cảm ơn Quý công ty.

Trưởng phòng kinh doanh

Nguyễn Văn Hưng

　お疲れ様でした。こんな長いベトナム語はいきなり分からなくて当然です。この本を読破したころにはすらすらと読めるようになりますので安心してください。全訳と、よく使う言葉には訳を付けましたので、必要な部分をさがして活用してください。

練習問題

Google翻訳、サイト、アプリを使って説明した手順通りに練習してみましょう。

(1)（※年上の女性に対して）来月お会いしたいと思います。
　🔵英 I want to meet you next month.

_____

(2)（※目下の女性に対して）携帯電話の番号を教えていただけますか？
　🔵英 Can I have your phone number?

_____

(3) 今度ゴルフに行きましょう。
　🔵英 Let's go play golf together next time.

_____

(4)（※年上の男性に対して）送った書類は届きましたか？
　🔵英 Did you get the document I sent already?

_____

(5) 来週から夏休みをいただきます。
　🔵英 I'll take a summer vacation from next week.

_____

答え

(1) Tôi muốn gặp chị vào tháng tới.
(2) Anh có thể xin số điện thoại của em được không?
(3) Chúng ta hãy đi chơi gôn cùng nhau lần sau.
(4) Anh đã nhận tài liệu em gửi chưa?
(5) Tôi sẽ nghỉ phép mùa hè từ tuần tới.

1 文字と発音を学ぼう

2 基本単語を覚えよう

3 文法と会話

4 ビジネス

Unit 48 ビジネスでよく使う会話表現

英語でもそうですが、お決まりのフレーズを覚えておくと意思疎通に非常に役立ちます。場面別によく使うフレーズを紹介します。

基本

君　　元気な
Em có khỏe không?　（お元気ですか？）★ 相手によって主語は変わる

私　ある　アポ　〜と　　　　　　ちょうど　〜時　午後
Tôi có hẹn với Mr. Suzuki lúc 1 giờ chiều.
（鈴木さんと午後1時にアポがあります）

私　許可を願う　　休み　あす
Anh xin phép nghỉ ngày mai.　（あしたは休ませてもらいます）

私　被る　風邪
Tôi bị cảm lạnh.　（風邪を引きました）

スケジュール　〜の　おまえ　きょう　　何
Lịch trình của bạn cho hôm nay là gì?
（きょうの予定はどうですか？）

商談

あなた　思う　ように　どんな
Anh nghĩ như thế nào?　（あなたはどう思いますか？）

私　思う　that　それ　は
Tôi nghĩ rằng nó là 〜　（私はそれについて〜と思います）

Please 知らせる　　情報　　詳細
Xin cho biết thông tin chi tiết.　（情報の詳細を教えてください）

いつ　　and どこ
Khi nào và ở đâu?　　（いつ、どこでですか？）

私　　も　　思う　ように　そんな
Tôi cũng nghĩ như thế.　　（私もそう思います）

あなた 過去 働く　　for　　会社　　この　　how　long
Chị đã làm việc cho công ty này bao lâu?
（あなたはこの会社にどれくらい働いているのですか？）

協力する　　一緒に
Hợp tác với nhau.　　（一緒に連携しましょう）

製品【産品】　　この　です 製造【産出】　at　日本
Sản phẩm này là sản xuất tại Nhật Bản.
（この製品は日本製です）※【　】内は漢越語

電話

事務所　　　　　　　　　　　　丁寧語　　聞く
Văn phòng Nippon Shoji xin nghe.
（ニッポン商事でございます）

for　　私　会う　Mr.
Cho tôi gặp anh Suzuki.　　（鈴木さんをお願いします）

ごめんなさい　私　　誤る　　番号 過去形
Xin lỗi, tôi nhầm số rồi.　　（ごめんなさい。間違えました）

だいたい　　何　　時 接続詞 Mr.　　　　　　戻る　　尊敬語
Khoảng mấy giờ thì anh Tanaka quay lại ạ?
（田中さんは何時ごろお戻りですか？）

私　未来形かける　また　あとで　　ね
Tôi sẽ gọi lại sau nhé.　　（あとでかけ直しますね）

丁寧語　Ms.　話す　ゆっくり　もっと　少し
Xin chị nói chậm hơn một chút.
（もう少しゆっくりお話いただけますか？）

^{どうか} ^{話す} ^{〜で} ^{英語}
Làm ơn nói bằng tiếng Anh. （英語を話してもらえますか？）

> 飲み会

^{Mr.} ^{過去形} ^{結婚} ^{まだ〜ない}
Anh đã kết hôn chưa? （あなたは結婚していますか？）

^私 ^{いる} ^{2児(子供の単位)}^{息子} ^{〜と} ¹ ^娘
Tôi có hai đứa con trai và một đứa con gái.
（息子が2人と娘が1人います）

^{きみ} ^{通常は} ^{する 何を} ⁱⁿ ^{週末}
Bạn thường làm gì vào cuối tuần?
（週末は何をしていますか？）

^{趣味} ^{of} ^私 ^は ^{描く} ^絵
Sở thích của tôi là vẽ tranh. （私の趣味は絵を描くことです）

^{〜しましょう} ^{play} ^{ゴルフ} ^{今度}
Chúng ta hãy chơi gôn lần tới. （今度ゴルフをしましょう）

^{これ} ^は ^{料理} ^何
Đây là món ăn gì vậy? （これはどんな料理ですか？）

^{ください} ^{追加} ¹ ^杯 ^酒 ^{ワイン} ^{さらに}
Cho tôi thêm một ly rượu vang nữa.
（ワインをもう1杯ください）

練習問題

単語を並べ替えて意味が通る文章を作りましょう。

(1) 田中さん＜女性＞をお願いします。※電話にて

chị Tanaka, cho, tôi, gặp

_____

(2) この製品はベトナム製ですか？

Việt Nam, sản phẩm, tại, có, sản xuất, không, này

_____

(3) 私もそう思います。

như, tôi, nghĩ, thế, cũng

_____

(4) 日本語を話してもらえますか？

tiếng Nhật, làm, nói, bằng, ơn

_____

答え

(1) Cho tôi gặp chị Tanaka.
(2) Sản phẩm này có sản xuất tại Việt Nam không?
(3) Tôi cũng nghĩ như thế.
(4) Làm ơn nói bằng tiếng Nhật.

政治・経済で頻出！ 難解な略語

　ベトナム人はとてもせっかちな国民で、短く言うことが大好きです。ビジネスの場面でも、ニュースや新聞でも、略語がいっぱい出てきます。これを知っていると、入ってくる情報がぐっと増えますよ。

政治

UBND（ủy ban nhân dân）	人民委員会
CHXHCNVN（cộng hòa xã hội chủ nghĩa Việt Nam）	ベトナム社会主義共和国
ĐCS（đảng cộng sản）	共産党
TBT（tổng bí thư）	書記長　※ベトナムの最高権力者
CP（chính phủ）	政府
Tp.HCM（thành phố Hồ Chí Minh）	ホーチミン市
CSGT（cảnh sát giao thông）	交通警察
LHQ（liên hợp quốc）	国連
MTTQ（mặt trận tổ quốc）	祖国戦線　※ベトナムの有力な政治的団体
QH（quốc hội）	国会
VP（văn phòng）	事務所
K/T（ký thay）	代理署名

経済

NK（nhập khẩu）	輸入
XK（xuất khẩu）	輸出
BĐS（bất động sản）	不動産
DN（doanh nghiệp）	ビジネス、企業（大きい）
DNNN（doanh nghiệp nhà nước）	国営企業
DNNVV（doanh nghiệp nhỏ và vừa）	中堅中小企業
Công ty TNHH（trách nhiệm hữu hạn）	有限責任会社
KH&CN（khoa học và công nghiệp）	科学工業
TMĐT（thương mại điện tử）	電子商取引
CPH（cổ phần hóa）	株式化
BHXH（bảo hiểm xã hội）	社会保険

Unit
49 ビジネスに役立つ情報を集めよう

　海外のビジネス情報は日本の新聞、テレビなどで入手できますが、ベトナムのような新興国は記事が少ないです。ネット、地元の新聞で自分で直接情報を得られれば、現地目線の最新の情報が手に入ります。

　「主なホームページには英訳がある」とおっしゃる方もいると思いますが、政府が厳しく情報統制するベトナムでは英語とベトナム語で書いてある内容が全然違うことがよくあるのです。私も記者会見等では必ずベトナム語版の資料を見るようにしています。

☆ インターネット

　一番簡単でお勧めなのが、インターネットです。コピー＆ペーストで翻訳サイト（Google翻訳）で英語に翻訳してみてください。おおよその意味は分かるはずです。

　以下がほかに参考になりそうなサイトです。

サイト名	サイト名の和訳	アドレス	内容
Chính phủ Việt Nam	ベトナム政府	http://www.chinhphu.vn	ベトナム政府の公式発表、政府高官のコメント多数。最新の行事日程も
Tuổi trẻ online	トイチェ新聞オンライン	https://www.tuoitre.vn/	ベトナム大手。比較的リベラルで、ベトナムの庶民の意見を代弁する
Nhân dân điện tử	ニャンザン（人民）新聞電子版	http://www.nhandan.com.vn	ベトナム共産党機関紙。プロパガンダ的な政治ニュースが多い
Thanh niên	タインニエン新聞	https://thanhnien.vn/	ベトナム大手。政治、経済、社会とカバー分野広く、読者も最多数
Lao động	労働新聞	https://laodong.vn/	労働関連の記事が充実。よく法規制が変わるのでチェックに便利
VN express	VNエクスプレス	https://vnexpress.net/	同サイトによると読者が最も多いベトナム語のニュースサイト

紙の地元新聞

　ネットに比べると難しいですが、ぜひ試して欲しいのが、地元新聞（紙）による情報収集です。新聞を見ながら、スマホ、タブレット端末などで単語をいちいち翻訳サイトに入力していってください。1つの記事を読むのだけでも、とてつもない時間がかかりますが、これはベトナム語の入力を覚えるのに最適なのです。そして、自ら入力すると、不思議と単語を覚えていきます。苦労する分、コピペでは味わえない達成感と学習効果があります。

地元テレビ（ベトナム在住者限定）

　これはもっとハードルが高いので、慣れたら実践してください。最初は何を言っているかちんぷんかんぷんだと思いますが、テロップ（見出し）を頼りに何を言っているか、を類推するのです。全部理解しようとせず、1つでも2つでも単語を聞き取れる努力をすることがポイントです。

　「VTV1」などのニュースがお勧めで、それに飽きたら映画がいいと思います。一度見たことがある映画で、日本語でも英語でも自分が理解できる音声を聞きながら、ベトナム語の字幕を読むのです。これは直接的にはビジネスと関係ないようにも見えますが、ベトナム語の自然な言い回しを覚えるうえで効果絶大なのです。

Unit 50 難解！ベトナム英語

　ビジネスの現場ではやはり英語が中心になります。ベトナム人は留学経験者も増え、流ちょうな英語を話せる人が増えていますが、コテコテの「ベトナム英語」を話す人も少なくありません。辞書がない分、ベトナム英語はベトナム語より難しいですので、本ユニットで解説します。

❶ Tr が「チ」になる（北部で顕著）

Donald Trump　→　ドナルド・チャンプ

train　→　チェーン

training　→　チェイニング

tree　→　チー

※試しにベトナム人に以下の文章を発音してもらうと、よく分かると思います。

I trick a chick by the tree while waiting train.
（私は電車を待つ間、木のそばのヒヨコをからかった）

---

❷ 語尾が消える

fourteen　→　フォーティ

world　→　ワー

rex　→　レッ

※数字を聞くときは必ず、「one four」、「four zero」といった形で聞き直した方が無難です。
※やっかいなことにホーチミン市には「New world hotel」、「Rex hotel」など発音が難しいホテルが多数あります。初心者は紙に書いて見せた方がいいです。

❸ D、Rがザ行になる

Adidas　→　アズィザ

made　→　マゼ

round　→　ザウン

※グエン・スアン・フック首相は演説で、「マゼ・イン・ベトナム」と発言してしまったことがあります。

❹ Gがガ行になる

generation　→　ゲネレーション

origin　→　オリギン

❺ LがNになる

difficult　→　ディフィカン

ball　→　ボーン

SOS フレーズ集

緊急

警察はどこですか？	Đồn cảnh sát ở đâu vậy? ドン― カイン サッ オー ドウ ヴァイッ
病院はどこですか？	Bệnh viện ở đâu vậy? バイッ ヴィエッ オー ドウ ヴァイッ
緊急です。助けてください。	Khẩn cấp! Hãy giúp tôi. カアン カッ(プ) ハイィ ズウップ トーイ
スリに遭いました。	Tôi đã bị móc túi rồi. トーイ ダァア ビッ モッ トゥイ ゾーイ
強盗に遭いました。	Tôi đã bị trộm rồi. トーイ ダァア ビッ チョッ(ム) ゾーイ
財布をなくしました。	Tôi mất ví rồi. トーイ マッ ヴィー ゾーイ
パスポートをなくしました。	Tôi mất hộ chiếu rồi. トーイ マッ ホッ チィエウ ゾーイ
荷物をなくしました。	Tôi mất đồ đạc rồi. トーイ マッ ドー ダッ ゾーイ
タクシーに電話を忘れました。	Tôi quên điện thoại trong xe taxi rồi. トーイ クエン ディエンッ トワイッ チョン セー タクスィー ゾーイ
交通事故を起こしました。	Tôi bị tai nạn giao thông. トーイ ビッ タイ ナンッ ザオ トン

＜緊急時の単語＞　指さしましょう

泥棒	Kẻ trộm ケェエ チョッ	人殺し	Kẻ giết người ケェエ ジエッ ングーイ
痴漢	Kẻ gạ gẫm ケェエ ガッ ガァム	詐欺師	Kẻ lừa đảo ケェエ ルゥア ダァオ
警察官	Cảnh sát viên カイン サッ ヴィエン	日本大使館	Đại sứ quán Nhật Bản ダイ スー クワン ニャッ バァン

病気

救急車を呼んでください。	Hãy gọi xe cứu thương đi. ハイー ゴイッ セー キュウ トゥオン ディー
この近くに薬屋はありますか？	Gần đây có hiệu thuốc nào không? ガン ダイー コォー ヒエウッ トゥオッ ナオ コホン
お腹が痛いです。	Tôi bị đau bụng. トーイ ビッ ダウ ブンッ
頭が痛いです。	Tôi bị đau đầu. トーイ ビッ ダウ ダウー
下痢をしています。	Tôi bị tiêu chảy. トーイ ビッ ティエウ チャアイ

言語、電話

英語[日本語]を話せますか？	Anh / Chị có nói được tiếng Anh [tiếng Nhật] không? アィン／チッ コー ノーイ ドゥオッ ティエン アィン［ティエン ニャッ］ コホン
英語［日本語］を話せる人はいませんか？	Có ai nói được tiếng Anh [tiếng Nhật] không? コー アイー ノーイ ドゥオッ ティエン アィン［ティエン ニャッ］コホン
ゆっくり話してください。	Xin hãy nói chậm. スィン ハイー ノーイ チャッ
あなたの言っていることが理解できません。	Tôi không hiểu bạn đang nói gì. トーイ コホン ヒィエウ バッ ダン ノーイ ズィー
電話の電池が切れました。	Điện thoại của tôi vừa hết pin. ディエンット トゥイ クゥア トイ ヴァ ハッ ビン
電話を貸してください。	Cho tôi mượn điện thoại của anh / chị. チョー トーイ ムオッ ディエンット トワイ クゥア アィン／チッ

223

索引

（2章以降の主要単語を収録しています。アルファベットは p.17 参照）

A

à　驚きを表す ＜文末詞＞	179
ạ　敬意を表す ＜文末詞＞	179
ai　だれ ＜疑問詞＞	141
Alô　もしもし	82
Anh　イギリス【英】	91
anh　＜年上の男性を表す人称代名詞＞	112
anh trai　お兄さん	62
áo dài　アオザイ	188

Ă

| ăn　食べる | 96, 114 |
| ăn cơm　ごはんを食べる | 157 |

Â

ấm áp　暖かい	102
Ấn Độ　インド	91
Ấn Độ Dương　インド洋	93

B

ba　3	48
bà　祖母の年代の女性、＜人称代名詞＞	126
bà ngoại　母方祖母	63
bà nội　父方祖母	63
bác（gái）	
親と同世代か少し上の女性、＜人称代名詞＞	126
bác（trai）	
親と同世代か少し上の男性、＜人称代名詞＞	126
bác sĩ　医師	66
bài báo　記事	90
bạn　友達、＜人称代名詞＞	126
ban công　ベランダ	71
bàn làm việc　デスク	88
bán thời gian　アルバイト	67

bàn　テーブル	71
bánh mì　フランスパン	74
bánh xèo　お好み焼き	75
báo cáo　報告する	98
báo chí　新聞	89
bao giờ　何時、いつ ＜疑問詞＞	141, 194
bao nhiêu　いくつ（10個以上）	144
bao nhiêu tiền　いくら	141
bảo tàng　博物館	85
bát ăn　茶わん	78
bảy　7	48
Bắc　北	149
bằng　〜と同じくらい	171
bắp　とうもろこし	33
bận（rộn）　忙しい	105
bật nguồn　電源を入れる	81
bây giờ　今	53
bé　小さい	103
béo　北 太っている	104
bên cạnh　横に、となりに	146
bên phải　右の方へ	148
bên trái　左の方へ	148
bên trong　〜の内部に	146
bệnh viện　病院	84, 153
bị bệnh　病気な	105
bị cảm　風邪	186, 212
bị ho　咳が出る	186
bị ốm　病気な、病気になる	105, 175
bị sốt　熱が出る	186
bia　ビール	75
Biển Đông　南シナ海	93
biết　知っている、〜できる	137, 190
biểu hiện　症状	186
bỏ cuộc　諦める	166

224

bơi 泳ぐ	137	
bố お父さん	62	
bộ ～着、セット	188	
Bộ Công thương 商工省	67	
Bồ Đào Nha ポルトガル	91	
Bộ Giáo dục và Đào tạo 教育訓練省	67	
Bộ Kế hoạch và đầu tư 計画投資省	67	
Bộ Ngoại giao 外務省	67	
Bộ trưởng 大臣	67	
Bộ trưởng Tài chính 財務大臣	67	
bốn 4	48	
bột giặt 洗剤	72	
bức 手紙、＜四角い物に対する類別詞＞	124	
bún ビーフン	75	
bún chả 越風つけ麺	74	
buồn 悲しい、寂しい	104, 175	
buồn ngủ 眠い	105	
bút ペン	171	
bút bi ボールペン	89	
bút chì 鉛筆	89	
bưu điện 郵便局	85	

C

cá 魚	76	
cà chua トマト	77	
cá hồi 鮭	76	
cà phê コーヒー	75	
cà phê đá アイスコーヒー	75	
cà rốt ニンジン	77	
các 【各】おのおの	127, 200	
cái ＜物に使う類別詞＞	122	
cải bắp キャベツ	77	
cái gì 何＜疑問詞＞	141	
cam オレンジ	105	
cảm thấy khó chịu 気分が悪い	104	
Campuchia カンボジア	91	

cảnh sát 警察官、警察	66, 192	
cao 背が高い	104, 169	
cay 辛い	78, 184	
cần ～する必要がある	134	
cấp dưới 部下	67	
cấp trên 上司	67	
cắt giảm 削減する	196	
cầu 橋	87	
câu chuyện 物語	175	
câu hỏi 質問	200	
cầu thang 階段	71	
cây 木、柱、＜棒状の物に使う類別詞＞	123	
cây bạc hà ミント	77	
cha お父さん	62	
chanh レモン	75, 77	
chật hẹp 狭い	103	
cháu gái 孫娘	63	
cháu trai 孫息子	63	
chạy 走る	97, 164	
chắc là おそらく～でしょう	186	
chăm sóc 世話をする	153	
chậm（rãi）ゆっくりと	102, 198, 213	
chị ＜年上の女性を表す人称代名詞＞	126	
chị gái お姉さん	62	
chi tiết 詳細	212	
chia sẻ シェアする	81	
chiếc ＜飛行機、車などに使う類別詞＞	123	
chiên 南 揚げる	78	
chiều 午後	52	
chim 鳥	146	
chín 9	48	
cho ～させる	174	
cho tôi お願いします、ください	214	
chỗ này ここ	200	
chỗ rửa mặt 洗面所	71	

225

chơi	遊ぶ、演奏する、スポーツをする		
			97, 138, 214
chọn	選ぶ		184
chồng	夫		63
chú	親より少し下の男性 <人称代名詞>		126
chứ	同意を求める <文末詞>		178
chủ nhật	日曜日		57
chủ tịch	会長		66
Chủ tịch nước	国家主席		67
chua	酸っぱい		78
chưa	まだ〜していない、したことがない		157
chuẩn bị	準備する		153
Chúc mừng...	〜おめでとう		115
chung cư	マンション		84
chúng ta	私たち（相手含む）		126
chúng tôi	私たち（相手含まず）		126
chương	章、チャプター		200
chuyên gia	専門家		66
có	ある、いる、持つ		96
có thể	〜してもよい、〜だろう		134
cơm trắng	白ごはん		75
con	子供、<人称代名詞>		63, 126
con	生物に使う類別詞		124
còn	まだ		200
con dấu	はんこ		88
con gái	娘		63
con trai	息子		63
cô	親より少し下の女性<人称代名詞>		126
cô ca	コーラ		75
cô đơn	寂しい、孤独な		104
cố gắng	頑張る、努める		198
cốc	コップ		78
công chức	公務員		65
công nghệ thông tin（CNTT）	IT（情報技術）		81
công viên	公園		85
cúp máy	電話を切る		82

cũ	古い		103
của	〜の（=of）		60, 129
cục tẩy	消しゴム		89
cũng	〜も		196
cuối tuần	週末		214
cuốn sổ tay	手帳		89
cửa hàng lưu niệm	お土産屋		85
cửa hàng tiện lợi	コンビニ		84
cứng	硬い		103

D			
dài	長い		103, 171
dám	あえて〜する		134
dao	包丁		72
dao cắt	カッター		89
dày	厚い		103
dập máy	電話を切る		82
dấm	酢		75
dẫn vào	案内する		150
dầu gội đầu	シャンプー		72
dầu xả	リンス		72
dạy（bảo）	教える		99
dễ	簡単な		103, 200
dép	サンダル		72
dép đi trong nhà	スリッパ		71
dễ chịu	気持ちいい		104
diễn viên	俳優		65
doanh nhân	ビジネスパーソン		65
du học	留学		152
du lịch	旅行		135, 176
dọn dẹp	掃除する		70
dưa hấu	スイカ		77
dừng	停まる		148
dừng lại	止まる、止める		182
dữ liệu	データ		81
dự thi	試験を受ける		99

Đ

đá 氷		75
đã ～した＜過去＞		152
đã từng ～したことがある		156
đại sứ quán 大使館		192
đại sứ quán Nhật Bản 日本大使館		85
Đại Tây Dương 大西洋		93
đàm phán 交渉する		98
đang ～しているところだ＜現在進行形＞		152
đào tạo 指導する		98
đáng yêu かわいらしい		104
đau 痛い		105
đau bụng 腹痛		186
đau họng のどが痛い		186
đắng 苦い		78
đắt 値段が高い	169, 188	
đặt 予約する		100
đâu どこ＜疑問詞＞		141
đâu どこ＜文末詞＞		178
đầu bếp 調理師		65
đấy そこ＜文末詞＞		179
đen 黒		105
đeo kính 眼鏡をかけた		104
đẹp 美しい	102, 104	
đẹp trai 格好いい		104
để tôi ～ ～させて		194
đêm 夜		52
đến 来る		150
đến đây ここまで		200
đèn điện 電灯		72
đèn giao thông 信号		87
đến muộn 遅刻（する）	90, 143, 165	
đi 行く	96, 150, 182	
đi bộ 歩く	97, 190	
đi công tác 出張する	88, 98, 194	
đi thẳng 真っすぐ行く		148

đĩa 皿		78
địa chỉ e-mail メールアドレス		81
Địa đạo Củ Chi クチトンネル		94
điểm chính 要点		200
điểm dừng xe buýt バス停		86
điện thoại 電話		89
điện thoại di động 携帯電話【電話移動】		
	80, 194	
điện thoại thông minh スマホ【電話聡明】		80
điều hòa エアコン		70
định ～するつもりだ		134
đó その～		121
đỏ 赤		105
độ ～度		186
đọc 読む		97
đói bụng おなかが空いた		105
đồ ăn 料理		72
đồ bấm giấy ホッチキス		89
đỗ đại học 大学に受かる		176
đôi dép サンダル		72
đôi giày 靴		72
đối thủ 競合の		196
đồn cảnh sát 警察署		85
Đông 東		149
đồng nghiệp 同僚		67
đồng ý 同意する		106
đốt cháy 焼く		78
đu đủ パパイヤ		77
đũa 箸		78
Đức ドイツ【独】		91
đúng 正しい		190
được ～できる	134, 139	
đường 砂糖		75
đường cao tốc 高速道路		86
đường sắt 鉄道		86

E

em	＜年下の人を表す人称代名詞＞	112, 126
em bé	赤ちゃん	63
em gái	妹	62
em trai	弟	62

Ê

ếch	カエル	76

G

ga tàu	駅	86
gạo	米	161
gặp	会う	97
gần	近い	103, 190
gần đây	近くに、最近	198
gần góc	角の周辺	182
gầy 北	やせている	104
ghế	椅子	71
ghế sofa	ソファ	71
ghita	ギター	137
gì	何＜疑問詞＞	141
già	老けている	104
giá mà	～だったら	176
giám đốc	社長	66
giám đốc nhà máy	工場長	66
giảm giá	割り引く	100
giảng	講演、授業	200
giao lộ	交差点	87
giáo sư	教授	66
giao tiếp	交流する	198
giáo viên	教師	65
giây	～秒	52
giày	靴	72
giờ	～時	52
giống	～に似ている	171
giữ lại	保留する、とどめる	182

giữa	～の間に	146
giường	ベッド	71
giúp	手伝う	160, 192
góc	角、コーナー	87
gối	枕	71
gọi	電話する	192
gọi điện	電話をかける	82
gôn	ゴルフ	214
gửi	送る	150, 200
gửi e-mail	メールする	98
gửi hàng	配送、宅配	90
gửi tin	送信する	81

H

Hà Lan	オランダ	91
Hà Nội	ハノイ	94
hạ giá	割引、値下げする	196
hai	2	48
hài lòng	満足した	196
Hàn Quốc	韓国	91
hàng ～	～製である	161
hạnh phúc	幸せだ	104
hành tây	タマネギ	77
hát bài	歌を歌う	143
hấp	蒸す	78
hay	または	196
hẹn	アポを取る、アポ	98, 212
hẹp	狭い	103
hết	なくなる、終わる	184
hết pin	電池がない	81
hiện tại	現在	184
hiểu	理解する	166, 200
hóa đơn	領収書	182
hoặc	または	198
học	勉強する、学ぶ	97, 99, 164
học sinh tiểu học	小学生	65

học sinh trung học　高校生	65	
học sinh trung học cơ sở　中学生	65	
hợp tác　協力する	213	
hỏi　尋ねる	100	
hồ　のり	89	
hộ chiếu　パスポート	192	
Hồ Chí Minh　ホーチミン	94	
hội nghị　会議【会議】	88	
hôm nay　今日	58	
hôm qua　昨日	58	
hồng　ピンク	105	
hơn　〜よりも	169	
húng quế　バジル	77	
hút thuốc　たばこを吸う	166	

I

ít　少ない	103

K

kém　足りない、〜分前	53
keo　のり	89
kéo　ハサミ	89
kê thuốc　薬を処方する	186
kết hôn　結婚、結婚する	136, 214
khác　ほかに、異なる	186
khách sạn　ホテル【客栈】	84
khăn tắm　バスタオル	72
khát nước　のどが渇いた	105
khen　ほめる	160
khi nào　いつ＜疑問詞＞	141
khó　難しい	103, 200
khoai tây　ジャガイモ	77
khoảng　〜くらい、およそ	54, 190
khỏe　元気な、健康な	105, 112, 212
không　0（ゼロ）、〜ない	48, 117
không phải　〜でない	116

khu vực　ブロック（区間）	87	
khu vực trung tâm thành phố　繁華街	86	
kia　あの〜	121	
kỳ nghỉ　休暇	90	
kỹ sư　エンジニア	66	
kỹ thuật số　デジタル	81	

L

lá　＜葉っぱ、お守りなどに使う類別詞＞	123
là　〜です	112
la mắng　叱る	98
lái xe　運転手	66
làm thế nào　どのように＜疑問詞＞	141
làm việc　働く	98
lạnh　寒い	102
lần cuối　最後	192
Lào　ラオス	91
lên　昇る	150
lịch　カレンダー	89
liên lạc　【連絡】連絡する	194
lò nướng　オーブン	72
lò vi sóng　電子レンジ	72
loại　種類	188
lối đi vào　玄関	71
lời nói dối　嘘	175
lớn　大きい	103
lớp　クラス	170
lụa　絹	188
lựa chọn　選ぶ	100
luật sư　弁護士	66
lúc　ちょうど	54
Lục địa Âu Á　ユーラシア大陸	93
Lục địa Bắc Mỹ　北米大陸	93
Lục địa Châu Phi　アフリカ大陸	93
luôn　いつも、すぐ	181

229

M

mà	しかし＜文末詞＞、すでに	178, 192
má	お母さん	62
mái nhà	屋根	146
mang	運ぶ	100
mang về	持ち帰る、持ち帰り	100, 150
mát	涼しい	102
mau	早く	186
màu	色	188
máy bay	飛行機	86, 153
máy giặt	洗濯機	72
máy hút bụi	掃除機	72
máy tính bảng	タブレット端末	80
máy tính để bàn	デスクトップパソコン	80
máy tính điện tử	電卓	89
máy tính xách tay	ノートパソコン	80
máy sạc pin	充電器	80
máy sao chép	コピー機	89
máy tính	パソコン	89
mặn	塩辛い	78
mắng	叱る	160
mập 南	太っている	104
mất	なくす、なくなる	192
mật khẩu	パスワード	81
mấy	いくつ（10個以下）	144
mấy giờ	何時	53
mẹ	お母さん	62
mềm（mại）	柔らかい	103
mệt（mỏi）	疲れる	105
mì	めん	75
miến	春雨	75
miền Trung	中部	149
mới	新しい	103
mới	～したところだ＜近過去＞	152
món ăn	料理	72, 184, 214
mong muốn	～したいと思う	99

mỏng	薄い	103
một	1	48
một chút	少し	182, 196
một lần nữa	もう一回	192
mua	買う	100
mùa đông	冬	56
mùa hè	夏	56
mùa khô	乾季	56
mùa mưa	雨季	56
mua sắm trực tuyến	インターネット通販	81
mùa thu	秋	56
mùa xuân	春	56
mức lương	給料	90
muối	塩	75
mười	10	48
muộn	遅い	102
muốn	欲しい、～したい	99, 188, 194
Mỹ	アメリカ【米】	91

N

Nam	南	149
Nam Cực	南極大陸	93
năm	5、年（＝year）	48, 58
năm nay	今年	60
nặng	重い	103
nào	どの～	121
này	この～	121
nâu	茶色	105
nấu	煮る	78
nấu nướng	調理	72
nem rán	揚げ春巻き	74
nem sống	生春巻き	74
nên	～すべきだ	134
nếu	もし～だったら	176
Nga	ロシア	91
ngàn	1000	50

ngắn 短い	103	nhiều 多い	103
ngân hàng 銀行【銀行】	84	nhìn（thấy） 見る（look at）	97, 192
ngày ～日	57	nhớ 覚えている	192
ngày mai 明日	58	nhỏ bé 小さい	103
nghe 聴く	97	như thế そのような	198
nghệ sĩ 芸術家	66	như thế nào どのように＜疑問詞＞	141
nghỉ（việc） 休む	98, 212	những ＜複数形の類別詞＞	124
nghìn 1000	50	nĩa フォーク	78
ngoài ra それ以外で	186	no bụng 満腹だ	105
ngon おいしい	78	nói（chuyện） 話す	97, 194
ngọt 甘い	78	nóng 暑い	102
ngủ 寝る	96, 186	nội trợ 主婦	65
người ～人	68	nữa もっと	196, 200
người quản lý 課長	66	nước 水	75
nhà báo 記者	66	nước hoa quả ジュース	75
nhà hàng Nhật Bản 日本料理店	86	nước tương しょうゆ	75
nhà hàng Việt Nam ベトナム料理店	86	nướng 焼く	78
Nhà hát Lớn オペラハウス	94, 190		

Ô	
ô tô 自動車	86, 124, 161
ốm 南 やせている	104
ông 祖父の年代の男性 ＜人称代名詞＞	126
ông ngoại 母方祖父	63
ông nội 父方祖父	63

nhà gỗ ログハウス	171		
nhà máy 工場	84		
nhà tắm シャワー	71		
nhà thờ 教会	85		
nhà vệ sinh トイレ	71		
nhà vệ sinh công cộng 公衆トイレ	85		
nhầm 間違える	213		
nhạc sĩ 音楽家	66		

Ơ	
ở đâu đó どこか	197
ở dưới ～の下方に	146
ở sau 後方に	148
ở trên ～の上に	146
ở trong ～の中に	146
ở trước 前方に	140
ớt トウガラシ	75
ớt xanh ピーマン	77

nhận 受け取る	150
nhắn lại 伝言	194
nhận tin 受信する	81
nhân viên 店員、人員	186
nhân viên công ty 会社員	66
nhất 一番	170
Nhật Bản 日本	91
nhé ＜愛着や催促を表す文末詞＞	179
nhẹ 軽い	103
nhỉ ＜同意を表す文末詞＞	179

P

pha trộn	混ぜる	100
phải	〜しなければならない	134
phần mềm	ソフトウエア	81
phần trăm	パーセント	196
Pháp	フランス【仏】	91
phổ biến	人気がある	184
phở bò	牛肉入りフォー	74
phở gà	鶏肉入りフォー	74
phòng bếp	台所	70
phòng khách	リビング	71
phòng ngoài	玄関	71
phòng ngủ	寝室	71
phòng riêng	自分の部屋、個室	71, 184
phòng tắm	風呂場【房浸】	70
phút	〜分	52, 190

Q

qua 〜	〜を通して	194
quá	〜すぎる	119
quả	果物 <果物・卵に使う類別詞>	77, 123
quay lại	戻る	213
quê	故郷	152
quên	忘れる	99
quyển	<本、辞書、冊子状の物に使う類別詞>	123

R

ra	外に出る	150
rán 北	揚げる	78
rang	炒める	78
rau mùi	パクチー	77
rau trộn	サラダ	75
rẻ（mà）	値段が安い	169, 196
rẽ phải	右に曲がる	148
rẽ trái	左に曲がる	148, 190
rồi	すでに、したことがある	153, 157

rời khỏi	出る、離れる	192
rời sớm	早退	90
rộng	広い	103
rưỡi	半分、（〜時）半	53
rượu vang	ワイン	75, 214
rượu whisky	ウイスキー	75

S

sạc pin	充電する	81
sách	本	124
sai số	間違い電話	82
sấm sét	雷	174
sản phẩm	製品	196, 213
sản xuất	生産する	147
sáng	朝、午前	52
sao lưu	バックアップ	81
sáu	6	48
sau đó	その後	190
sắp	もうすぐ〜する <近未来>	152
sân	庭	71
sân bay	空港	86, 153
sầu riêng	ドリアン	77
sẽ	〜することになる <未来>	152
sếp	上司	67, 174
siêu thị	スーパー	86
sinh	生まれる	60
sinh nhật	誕生日	115
sinh viên	大学生	65
số điện thoại	電話番号	82
sở thích	趣味	214
sớm	早い	102
sông	川	153, 170
sống	住む	96, 177
sữa	牛乳	75
súp	スープ	75

T

tại　〜で		147
tải lên　アップロードする		81
tài liệu　資料		200
tại sao　なぜ＜疑問詞＞		141
tải về　ダウンロードする		81
tám　8		48
tạm biệt　さようなら		113, 190
táo　りんご		169
tạp chí　雑誌		89
tắc đường　渋滞		182
tắc xi　タクシー		86
tắt nguồn　電源を切る		81
tập tin đính kèm　添付ファイル		81
tất nhiên　もちろん		198
Tây　西		149
Tây Ban Nha　スペイン		91
Thái Bình Dương　太平洋		93
Thái Lan　タイ		91
tham khảo　相談する		98
thảm　じゅうたん		71
tháng　月（＝month）		56
tháng chạp　旧暦の 12 月		56
thang máy　エレベーター		88
thành phố　都市		169
thành phố Hội An　ホイアン市		94
thảo luận　議論する		98
thấp　背が低い		104
thật ra　事実として、実は		196
thế giới　世界		170
thêm　さらに、追加の		196, 200
thêm ăn　食欲がある		186
thìa　スプーン		78
thích　好む		184
thịt bò　牛肉		76
thịt dê　ヤギの肉		76

thịt gà　鶏肉		76
thịt lợn　北 豚肉		76
thịt heo　南 豚肉		76
thịt rắn　ヘビの肉		76
Thổ Nhĩ Kỳ　トルコ		91
thôi　〜だよ＜文末詞＞		179
thông minh　【聡明】頭がいい		170
thông tin　情報		212
thớt　まな板		72
Thủ tướng　首相		67
thứ　〜番目		48
thứ ba　火曜日		57, 194
thứ bảy　土曜日		57
thứ hai　月曜日		57
thứ năm　木曜日		57
thứ sáu　金曜日		57
Thứ trưởng　副大臣		67
thứ tư　水曜日		57
thực đơn　メニュー		184
thực phẩm　食品		72
thực sự　本当に		190
thuốc　薬		158
thước đo　定規		89
ti vi　テレビ		70
tiếc　残念な		184, 194
tiến bộ　進歩する		99
tiền thừa　おつり		182
tiếng　〜時間		54
tiếng Anh　英語		198
tiếng Nhật　日本語		198
tiêu　コショウ		75
tím　紫		103
tìm　探す		198
tìm thấy　発見する、見つける		192
tính　計算する		100
tính tiền　会計		74

tờ ＜書類、新聞など紙類に使う類別詞＞	123	
tóc dài 髪が長い	104	
tóc ngắn 髪が短い	104	
tôi 私	112, 126	
tối 晩	52	
tới 赴く	150	
tới 赴く、到着する	152	
tôm エビ	76	
Tổng bí thư （共産党）書記長	67	
Tổng thống 大統領	67	
tốt よい	103	
trà お茶	75	
trạm cứu hỏa 消防署	85	
trạm xăng ガソリンスタンド	86	
trắng 白	105	
trang web ホームページ	81	
trẻ 若い	104	
trẻ em 幼児	104	
trên ～の上で	170	
triệu 100万	50	
tròn 丸い	103	
trong ～の中で	170	
trợ lý アシスタント	67	
trưa お昼時	52	
Trung Quốc 中国	91	
trung tâm mua sắm ショッピングセンター		
	192	
trước 以前の～	58	
trước đây ここの前	192	
trước hết まず第一に	184	
trưởng phòng 部長	66, 194	
truyền hình テレビ	70	
tự 自ら～する	192	
từ điển 辞書	90	
tự học 自習する	200	
tủ lạnh 冷蔵庫	70	

từ từ ゆっくり	148	
tuần 週	57, 58	
tuần sau 来週	194	
tuổi trẻ 青年	104	
tương ớt チリソース	75	
tương tự 似たような	196	
tỷ 10億	50	

U	
Úc オーストラリア	91
uống 飲む	100

Ư	
ứng dụng アプリ	81

V	
vải ライチ	77
vấn đề 問題	196
vận động viên スポーツ選手	65
văn phòng 事務所【文房】	88
văn phòng thông tin 案内所	85
vàng 黄	105
Vâng ạ. かしこまりました	182
vào 入る	150
về 帰る	97, 150, 152, 194
về nhà 家に帰る	157
vẽ tranh 絵を描く	214
vì sao なぜ＜疑問詞＞	141
vỉa hè 歩道	87
viết 書く	97
Vịnh Hạ Long ハロン湾	94
vợ 妻	63
với ～ ～と	194
vòi nước 蛇口	72
vội（vàng） あわただしい	102
vừa ～したばかりだ＜近過去＞	152

234

vui 楽しむ	97	
vui（vẻ） うれしい	104	
vuông 四角い	103	

X

xa 遠い	103, 169	
xác nhận 確認する	194	
xanh 青	105	
xanh（lục） 緑色	105	
xào 炒める	78	
xấu 悪い	103	
xây nhà 家を建てる	177	
xe buýt バス	86	
xe đạp 自転車	86	
xe hơi 乗用車	86	
xem 見る（=see）	97	
xinh đẹp 美しい	104	
Xin hỏi. 失礼します	115	
Xin lỗi. すみません	114, 184	
xô đa chanh レモンソーダ	75	
xoài マンゴー	77	
xong 終える	100	
xôi gà 鶏おこわ	75	
xuất phát 出発する	157	
xuống 下る	150	

Y

Ý イタリア【伊】	91	
ý 【意】意向である	194	

おわりに

　本書を書き終えて、良く出版することができたなぁという感慨を覚えます。2017年5月、最初に企画を持ち込んだ出版社には断られ、知り合いを通じて紹介してもらったのがアスク出版でした。編集者の影山洋子さんも最初のころは「本当に本にできるかな…」と言いつつも、「空耳学習法」(Unit 4)にはまったとのこと、「難解なベトナム語を発音から落ちこぼれることなく学べる入門書をぜひ作りたい」と意欲を燃やしてくれました。

　私の本職は記者ですから、日々の取材はおろそかにできません。17年11月は中部ダナンでのアジア太平洋経済協力会議（APEC）、トランプ米大統領の訪越、日経新聞のハノイでの大型セミナーなどイベントが目白押しで、本など書く余裕はありませんでした。それが終わってから本気になり、飲み屋にも行かず、大好きな土日のゴルフも減らし、本の執筆を続けました。

　調べれば調べるほど、ベトナム語は非合理的な部分が多く、人によって言うことも違いました。途中で投げ出したくなることも何度もありました。しかし、そんな時に私を支えたのは「ベトナム語を日本人に広めたい」という強い思いでした。

　国際交流において、片方の国が一方的に相手に合わせるということは不公平です。日本人がベトナム語を積極的に勉強しない背景には「我々のほうが経済発展していて豊かなんだから」という上から目線もあるように思えるのです。そうした根拠のない優越感が一部の日本人のベトナム人に対する無礼な態度につながっているのです。

　ベトナムに日本企業が進出すれば働き口が生まれ、雇用されるベトナム人労働者は一生懸命日本語を覚えます。それに甘えて、日本人はベトナム語の勉強を怠ってきたのではないでしょうか？　言葉を理解することは相手の文化を尊重するということです。深い異文化コミュニケーションをするには双方が双方の言語を理解していることが一番です。

ベトナムは日本の友達です。ベトナム語を習得し、親友へとレベルアップできるような日本人が増えてほしいものです。

2018 年 8 月
日本経済新聞社ハノイ支局長　富山篤

初版第 2 刷発行にあたって
日本に在留するベトナム人は 30 万人を超えました。一方で技能実習生のトラブルも相次いでいます。拙著によってベトナムを理解し、尊重する日本人が一人でも増えることを祈っています。

2019 年 4 月
日本経済新聞社企業報道部次長（前ハノイ支局長）富山篤

杉良太郎さんからのメッセージ

　異なる国が友好関係を作ろうとしても、政治・経済だけでは国民はついてきません。お互いを理解し、尊重し、交流をすることが重要です。そのためには文化の力が大切なのです。言葉は文化の入り口です。貧しいベトナムの子供たちが日本語を学べば、日本や世界で活躍できるようになります。日本文化も自分で学べるようになります。そんなベトナムの若者を支援したいと思い、日本語センターを作りました。

　センター設立前にお会いしたドー・ムオイ氏（元共産党書記長、元首相）にも「長く続いた戦争の影響でベトナムは政治も経済も停滞しています。薬にもすがりたい思いです。ベトナムは日本のようになりたいのです」とのお言葉を頂きました。そして私は日本とベトナムの文化交流を進めようと決意したのです。

　2018 年は日本とベトナムが外交関係を樹立して 45 周年になります。音楽祭などいろいろな記念事業が開かれます。日本とベトナムが世界有数の友好国になれた 1 つの要因が文化交流であったと改めて思います。
（207 ページのコラムに杉良太郎さんの日本語学校が紹介されています）

発展著しいベトナム最大の都市、ホーチミン市

◆eラーニング講座開始のご案内

本書と姉妹編の『超実践的ベトナム語基本フレーズ集』の内容をもとにしたeラーニングコース『超実践的ベトナム語入門』が開講されました。3カ月でやさしい会話ができることを目指した講座で、「発音」「文法」「会話」を動画解説で学び、小テストで理解度のチェックができます。
詳しい内容は下記のサイトを参照ください。

https://www.ask-books.com/category/product/vietnamese/vel01

現地駐在記者が教える
超実践的ベトナム語入門

2018年9月13日　初版第1刷発行
2022年4月18日　初版第4刷発行

著者	富山篤
発行人	天谷修身
ベトナム語校閲	グュェン・ド・アン・ニェン
イラスト	矢井さとみ　パント大吉
デザイン	アスク出版デザイン部
ナレーション	グエン・ヴァン・アイン　グエン・チュン・フン　五十嵐由佳
日本語録音・編集	スタジオグラッド
発行	株式会社アスク出版 〒162-8558　東京都新宿区下宮比町2-6 電話: 03-3267-6864（営業）　03-3267-6866（編集） URL: https://www.ask-books.com/
DTP・印刷製本	萩原印刷株式会社

ISBN978-4-86639-217-2
Copyright ©Nikkei Inc. 2018 All Rights Reserved.
乱丁・落丁はお取り換えいたします。
ユーザーサポート　03-3267-6500（土日祝日を除く　10:00-12:00、13:00-17:00）
Printed in Japan